奧修談清靜經（下）

Tao: The Golden Gate Vol. 2

奧修(OSHO)著
李奕廷(Vivek)譯

旗開出版社

目錄

譯者序

《清靜經》的全名是《太上老君說常清靜妙經》，據說是三國時代的葛玄所著作，現今收錄在《道藏》的洞神部，全部經文不足四百字。清靜經對於道家的重要性就如同心經對於佛教的重要性，但是相較之下，坊間很少看到談論清靜經的書籍，一方面而言，這是一種純粹，它仍保持不受污染的；另一方面而言，也是一種不完整，因為透過它，也許會有更多人得到幫助。

一切都是從『道』開始的，每個人都是道的一部分，樹木、小鳥、魚兒甚至於一粒小石頭都是道的一部分。但是漸漸地，人越來越遠離道，因為慾望的驅使、情緒的驅使、感受的驅使，它們變成了主人，變成了習慣，變成了離不開的影子。但現在人已經受夠了，不再避開這些，鼓起勇氣去面對，開始思考如何停止這一切，做出各種努力⋯⋯。於是一個向內看的旅程開始了，慢慢的，慢慢的，發現到慾望、情緒和感受一直來來去去，但是本性始終如如不動；透過這個了解，同樣地，往外看，發現到萬物外形的無常，一切都在不斷的改變。會有一個片刻來到，然後那個認同的枷鎖開始斷裂、那個表面的世界開始崩陷⋯⋯

清靜經序

仙人葛翁曰：
吾得眞道，曾誦此經萬遍。
此經是天人所習，不傳下士。
吾昔受之於東華帝君，東華帝君受之於金闕帝君，金闕帝君受之於西王母。
西王一線乃口口相傳，不記文字。
吾今於世，書而錄之。
上士悟之，昇為天仙；
中士修之，南宮列官；
下士得之，在世長年。
遊行三界，昇入金門。

第一章
人是一個過程

第一個問題：

奧修，為什麼只有人類會壓抑、算計、謀殺、試著要征服自然的本然之流——道？為什麼我們如此愚蠢？

海因，人不是一個存在，人是一個過程。這是其中一件最重要的事，必須去了解。樹木、動物，它們都是存在。人是不同的；他是一個演進，他是一個過程。因為這個過程，問題出現了：你可以下降到動物的層面，你也可以上升到神的層面。狗無法再下降到更低的層面，牠也無法成為一個佛；兩者都是不可能的。牠既不愚蠢也不聰明；牠無法再有成長。隨著牠的出生，牠的一切就已決定了；牠會活著、牠同樣也會死掉——在牠的出生和死亡之間，不會再發生任何進化。

人不一樣。那是人的權利，他的特權，但是同時也有很大的危險。人並非完整的出生；他的出生是不完全的——出生只是一個過程的開始。現在，過程中可以有很多種情況：可以是變形的，可以是誤入歧途的，也可以是迷失的。人自由的開始了他的生命，但是自由是有代價的；你不能免費擁有它。除了人之外，沒有任何動物擁有自由。

因此好幾世紀以來，神秘家說人是兩個永恆之間的橋樑：無意識的永恆和有意識的永恆，人總是在這兩端之間移動。他就像走著鋼索的人。每個片刻都充滿了危險，但是也充滿了可能性。可能性不是單獨出現的；它總是伴隨著危險。你會錯過——你可能會從繩索上掉下而落入深淵。

人一直被神秘家稱為梯子。現在，梯子可以用來做兩件事：你可以用它往上爬，也可以往下爬。你使用梯子會有兩個目的，只是方向不同。當你向上爬，你的方向是不同的；當你向下爬，你的方向剛好相反。但是梯子都一樣，結果卻完全不同。人是天堂和地獄之間的梯子。

那就是原因，海因，只有人類會去壓抑、算計、謀殺、試著要征服自然的本然之流，人是愚蠢的——因為他們可以成為諸佛。因為人擁有智力，那就是為什麼他會是愚蠢的。愚蠢的意思只不過是你不使用你的智力；不表示你沒有智力。如果完全沒有智力，你就無法說人是愚蠢的。你不能說石頭是愚蠢的；石頭就是石頭——沒有愚蠢或不愚蠢的問題。

但是你可以說人是愚蠢的，因為人的存在，而有了希望，一道巨大的光芒。因為人的存在，一個前往彼岸的門開啓了。他可以超越他自己，也可以不超越——那是他的愚蠢。他可以成長，也可以不成長，他執著於各種不成熟的東西——那是他的愚蠢。他不斷的活在過去，而過去不會再有改變——那是他的愚蠢。或者他開始投射到未來，而未來還沒來到——那是他的愚蠢。

他應該帶著深切的熱情、帶著巨大的愛、強度和覺知而活在當下，那會成為他的智慧。那是相同的能量：顛倒過來就是愚蠢；把它擺正，重新安置，它就成為智慧。

智慧和愚蠢不是分開的能量。同樣的能量和諧地運作就是智慧，相互衝突的運作就是愚蠢。人可以是愚蠢的——不要以為那是不幸的。表面看來那是不幸的，但是裡面隱藏著巨大的光輝，巨大的光芒，那是可以被找到的。

但是社會、所謂的宗教、政府、群眾，它們都要你是愚蠢的；它們不想要你是有智慧的。它們都在約束你，使你一輩子保持愚蠢，原因在於蠢人是服從的。智者會靠自己思考；智者會開始成為個體。他們會開始擁有自己的生命，自己的生活方式，自己看的方式、存在的方式和成長的方式。他們不屬於群眾的一部分——他們無法是。他們必須把群眾留在一旁，只有那樣他們才能成長。而群眾會感到被冒犯；群眾不想要任何人超越一般人——那違反了群眾的自我。對於群眾、群體會有很大的影響：任何變得更有智慧的人、更獨特的人、更覺知的人，將不再屬於他們心理學的一部分。

你無法強迫佛陀聽從愚蠢的人。而愚蠢的人有很多，佔大多數，百分之九十九點九。他們有很大的力量——粗暴的力量——無論何時需要，他們就使用暴力。他們對耶穌使用暴力，他們對蘇格拉底使用暴力，他們對曼蘇爾使用暴力⋯⋯他們也想對我使用暴力。

就在幾天前，那個丟刀子想謀殺我的人，只是代表了百分之九十九點九的人。他不是單一的個體；所有群眾的心理都在支持他。群眾的想法也一樣；沒有任何差別。他是個領導者；他在滿足許多人的慾望。他們想要將我從社區裡除去；對他們而言，我變成了一個干擾。我將和他們的戒律對抗、我將反抗他們所禁止的、我將反對他們的過去。他們稱之為他們的文化、他們的遺產、他們的宗教。

那個向我扔刀子的人，在他扔刀子之前，他喊著：「你的演講違反了我們的宗教和我們的文化！我們無法容忍！」他只是一個傳話的人。如果你試著要成為個體，他會讓你知道群眾可以是很暴力的；它甚至不會容忍你的存在。所有既得利益者都要每個人都是愚蠢的。

你會很驚訝的知道，事實上，你的學校、學院、大學的存在並不是要幫助你變得有智慧——不，完全不是。好幾年來，我曾經在大學中當過學生，然後是教授。我知道你們教育系統的內在架構：它並非要在人們裡面創造出智慧。當然它想要創造出效率，但是效率不是智慧，效率是機械化的。一部電腦可以非常有效率，但它不會是有智慧的。

永遠不要以為智慧和效率是同義的；智慧是完全不同的現象。效率不是智慧，它是機械化的專業知識。大學關心的是創造效率，這樣你就能成為更好的辦事員、更好的收藏家、更好的站長和更好的局長，諸如此類。但是他們不關心是否要創造智慧，事實上他們都反對智慧。你們全世界教育系統的整個架構都是在使你們更能記憶事情，因為記憶是一部生物電腦。

智慧是完全不同的現象。智慧會從靜心中出現，智慧會從叛逆中出現，但是智慧不會從記憶中出現。但是你們的考試只在乎你們的記憶。誰的記憶更好，他就被認為是更有智慧的。但是就記憶而言，大部分的情況是，愚蠢的人都擁有很好的記憶，而有智慧的人的記憶通常會很差。

愛迪生的記憶就不是很好。他發明了一千個科學玩意；沒有人發明過這麼多東西。光是他發明的數量就很龐大，令人無法置信。你可能不知道，你每天都使用到愛迪生的發明：留聲機唱片、無線電、電燈、電扇、揚聲器；你用到的每一樣東西都來自同一個人，愛迪生。但是就記憶而言，他的記憶是非常鬆散的、非常微弱的，非常嚴重到一旦他忘掉名字…那是很困難的；幾乎不可能忘掉自己的名字。如果你可以忘掉你自己的名字，你也能忘掉每件事！名字似乎是最基本的記憶。他卻想辦法要記得自己的名字。

在第一次世界大戰中，首次出現了定量配給的運用，他排隊等著領自己的配給卡。慢慢的、慢慢的，他越來越接近配給窗口。直到排在他前面的人離開後，他們叫他的名字：「湯瑪士阿爾發愛迪生！」他卻環顧四周，彷彿他們在叫別人；但是他卻看著隊伍裡的人。

有個人認出他，因為有很多次在報紙上看過他的照片。他說：「我記得你似乎就是湯瑪士阿爾發愛迪生。你為什麼還看來看去？」

他說：「你是對的！我完全忘記了！非常感謝你記住我。是的，我就是湯瑪士阿爾發愛迪生。」

他的妻子常把每樣東西都依序排列，因為他的房間總是一片混亂：數千份文件和研究報告，無論何時他想要某個東西，就要花好幾天才能找出來，找出它在哪個地方。他會不斷的忘記每件事情。他可能發明了某樣東西，然後又繼續發明。他的妻子會提醒他：「你已經做過了！那已經出現在市場上了！」

他常常拿著一堆紙張，隨時記下出現在他腦海中的東西。那些紙張會散落在每個地方。他的妻子告訴他：「你最好用一本筆記本。」

他說：「那是個很棒的想法！我為什麼以前都沒想過？」但是他隨即就弄丟了筆記本！他說：「看，都是因為聽了妳的建議。如果帶著一堆紙張有一個好處：我偶爾會弄丟幾張紙，但不是全部；現在全部的紙張都不見了！」

愛因斯坦也不是個擅長記憶的人。他沒通過入學考試的原因是他記不起來任何東西。這個有史以來最偉大的數學家，隨著年紀增加，他越來越無法計算小量的金錢；他必須不斷的計算。

有一次他搭著一輛巴士去旅行。他給了領隊一些錢；然後領隊找了錢給他。他算了一次、二次、三次，每次結果都不一樣，於是他開始算第四次。

領隊在旁邊看，他說：「你怎麼了？你不懂算術嗎？你已經算了三次，現在你還要算第四次！你不懂算術嗎？」

他說：「是的，我對算術不太行！」

這個人曾經得到最偉大的算術結果，卻無法計算小量的金錢。他會進去浴室，待在裡面好幾個小時都不出來，因為他會忘記要出來。

我的一個朋友，羅西醫生，曾去看過他。愛因斯坦的妻子對他說：「必須等六個小時，因為他一直在浴室裡面！」然後他的妻子開始不斷道歉，她說：「他在浴室裡面，他在浴室裡面。」醫生說：「但是他在浴室裡面做什麼？」他的妻子說：「沒人知道，但是如果你打擾到他，他會很生氣——他會開始摔東西！但是他常常忘記；當他進去裡面就會忘記出來。現在我們必須等待，無論他何時出來…當他餓了、渴了或什麼的，他就會想起來。」

羅西醫生問：「那他在裡面做什麼？」

他妻子說：「是的，我這輩子一直很好奇，他在裡面做什麼。所以剛開始我都會從鑰匙孔偷看——他在做什麼？他坐在浴缸裡面，然後不斷的玩著肥皂泡泡！當我問他：「你在做什麼？」他說：不要打擾我，永遠不要打擾我，是因為玩肥皂泡泡使我發現了相對論，還有宇宙就像一個肥皂泡泡不斷擴張的理論：它不斷的擴張，有一天它會爆炸——就像一個肥皂泡泡！」

自古以來，你會發現有好幾千個天才的記憶力都很差，而有好幾千人的記憶力很好，但是卻完全沒有智慧可言，因為記憶和智慧來自於不同的源頭。記憶是頭腦的一部分，智慧是沒有頭腦（no-mind）的一部分。智慧是你的意識的一部分，記憶則是你頭腦的一部分。頭腦可以被訓練——那就是大學一直在做的事。

你所有的考試都是在測試你的記憶，不是你的智慧。但是大學給了你錯誤的概念──彷彿記憶就是智慧。它不是。

整個教育系統的存在摧毀了智慧，使你的注意力從智慧轉向記憶。記憶是有用的、實用的。智慧是危險的；它對於現況沒有任何用處，它對既得利益者沒有幫助。有智慧的人總被證明是難相處的人，原因是他們的智慧；他們無法和任何愚蠢的事妥協。而我們的社會充滿了迷信和愚蠢；各種胡扯以宗教之名、政治之名、文學之名、藝術之名而盛行著。

每個小孩都被分心了、被分散注意力了。因此會有這麼多的愚蠢。但是仍然有少數人逃離這個監獄，這真的是一個奇蹟──佛陀、查拉圖斯特拉、老子、耶穌、畢達哥拉斯──非常少的人。要逃離這個監獄幾乎是不可能的，因為這個監獄無處不在，它從你小時候就開始制約你，使你成為囚犯：基督教、印度教、回教──這些都是監獄。當你是教會、國家和種族的囚犯時，那自然地，就一定會是暴力的。

沒有動物像人一樣暴力。動物只有在飢餓的時候才會殺害其他動物，否則牠不會這樣做。人是唯一沒有原因而享受謀殺的動物，彷彿謀殺本身是一個喜樂的行為。

有一天，一間餐廳進來了一隻獅子和野兔。經理感到震驚；他們無法相信他們看到的。一個很大的寧靜籠罩了餐廳。很多人在那兒吃東西、聊天、說八卦；突然間完全靜了下來。發生什麼事了？經理趕到新客人面前。他勉強結巴地對著野兔說：「你想要來點什麼，先生？」

野兔要了一杯咖啡。經理問：「你朋友想要點什麼呢？」

野兔笑了，牠說：「你覺得呢？如果牠餓了，我還會這兒嗎？牠不餓；否則牠會帶走牠的早餐——我會不見！只有牠不餓的時候，我們才能在一起。」

在莫斯科的一個動物園，他們把一隻獅子和一隻綿羊關在一個籠子裡，以證明和平共存的哲學。每個人都來參觀。那是個奇蹟！綿羊和獅子坐在一起——有時候綿羊睡著了——如此靠近獅子，牠的頭靠在獅子的肚子上。那是無法想像的！

一個非常好奇的年輕男孩問了動物園園長：「你是怎麼辦到的？你是怎麼訓練牠們的？」

園長對於每天都被問同樣問題感到厭煩，於是他說了實話。他說：「沒有什麼奇蹟。我們做的只不過是每天換不同的綿羊——每天的羊都不一樣，就這樣。沒有奇蹟。當獅子肚子不餓了，就會有一個和平的共存。」

但是如果獅子不餓，牠就不會殺害別的動物。只有人會沒有理由的殺害——為了愚蠢的概念。如果有人肚子餓了而去殺害，那還可以理解，但是無法了解的是長崎和廣島——在三分鐘內就殺死了十萬人，一種完全出於摧毀性的喜悅。

這個事情的發生是因為我們不允許人的智慧開花。無論何時在某個社會中，給予智慧一點點的自由，這個社會就會變得比其他社會軟弱。印度就發生過：印度二千年來之所以一直被奴役是有很多原因的。其中一個原因是克理虛納、派坦加利、薩拉哈、馬哈維亞、佛陀帶來的偉大革命。這些人帶來如此偉大的革命，為這個國家帶來非常重要的改變，以致於很多人都從愚蠢的束縛中解脫了；一個巨大的智慧被釋放了。結果是：這些有智慧的人停止了殺害，他們變成非暴力的；他們拒絕被徵召到軍隊。佛教徒和耆那教徒拒絕被徵召到軍隊，婆羅門拒絕被徵召到軍隊。現在，這些是最重要的人，而他們拒絕戰鬥。然後非常愚蠢的國家和非常平凡的人——匈奴、土耳其、蒙古，在各方面都遠遠落後印度的國家——先後征服印度。而由於年輕一代中最有智慧的人不再對殺人和暴力有興趣，以致於毫不抵抗，完全沒有戰鬥。他們征服了印度。一個偌大的國家被非常小的國家征服。兩千年來，這個國家仍然被奴役的原因很簡單…

同樣的事發生在雅典。蘇格拉底、柏拉圖、亞里斯多德、畢達哥拉斯、赫拉克特斯，這些都是解放巨大智慧的人，一個出於自由和無約束的思考氛圍被創造了出來。然後整個希臘文明都消失了。被那些圍繞在希臘周圍的愚蠢人們摧毀了。那個文明是其中一個地球上曾經有過的最美麗的現象。

現在同樣的事情再次發生在美國。如果美國和俄國發生了衝突，美國很有可能會被打敗，理由很簡單，因為美國的年輕人比俄國的年輕人更聰明。美國的年輕人會開始考慮；俄國的年輕人則是完全受到約束的——他們的行為就像機器一樣。在二次世界大戰和許多小型戰爭裡，已經有很多紀錄指出美國的年輕軍人非常討厭戰爭。否則，你要如何解釋越戰？美國擁有精良的武器卻無法戰勝一個貧窮、完全沒有任何精密科學的國家。

據說有百分之三十到四十的美國軍人從未用過他們的武器。他們每天都會去戰場，但是他們不會殺人。那是美麗的，那是某件要了解的事，但是也是危險的，因為三十到四十的比率是一個很大的比率，而且它很快會變成五十到六十的比率。

如果俄國和美國發生了衝突，如果戰爭發生了，那美國很有可能會輸掉。差別不會太大，也許十到十五分鐘的差別，因為現在問題不是人類之間的戰鬥，而是原子能的釋放，氫彈和導彈的發射，它們都被電腦控制。如果俄國攻擊美國，那只要十分鐘，美國的電腦就會反擊，飛彈在十分鐘內就會抵達俄國。同樣的，如果美國攻擊俄國：俄國的電腦就會反擊，飛彈在十分鐘內就會抵達美國。差別只是十到十五分鐘；兩者都會被摧毀。但是如果真的發生了，可以預測的是，不過是十五分鐘的差距。美國會先輸掉，原因很簡單，優異的智慧被解放了。高等文明總是被低等文明打敗，因此沒有任何文明可以負擔的起釋放智慧的代價。

我的建議是，除非我們創造出一個世界性的政府，否則智慧是不被允許的。而成立一個世界性政府的時機已經到來。已經不需要國家政府了：它們是過去的產物，它們是我們愚蠢過去的一部分。已經不再需要國家了，現在只需要一個世界政府。如果有一個世界政府，它將會有一個完全不同的品質，原因很簡單，因為軍隊將必須被裁減，因為不會有要對抗誰的問題。

現在有百分之七十的金錢、財富和收入被投入到軍事需要——百分之七十；只有百分之三十被用於其他目的。那表示我們百分之七十的能量被用來殺人、被用來施展暴力、被用來破壞。為了挽救人類，一個世界政府是絕對需要的。而世界政府的品質會是完全不同的，因為它不再需要龐大的軍隊；只要小型的警力就夠了。它會有全部的功能——郵局、鐵路、飛機等等——但它們不是破壞性的；它們會被用來服務人類。

一旦軍隊從這個世界上消失，偉大的智慧將會被解放，因為軍隊對於智慧是破壞性的。它徵召的健康的人是最多的，它摧毀了他們的頭腦，因為只有當一個人變成完全機械化的，那才有可能產生一個真正的軍人。

人類沒有原因的殺人。人類試著去壓抑而不是去了解，試著去算計而不是去相處，因為和某個人相處會需要很大的了解；算計不需要了解。壓抑是容易的，非常容易——任何笨蛋都能做到。

那就是為什麼你會在修道院發現各種壓抑，你會發現各種笨蛋聚在那兒。我在那兒從未遇到有智慧的修士和修女；如果他們是有智慧的，他們就不會去當修士和修女。他們會放棄那些無意義的胡扯，他們會離開他們所謂的宗教監獄。但是壓抑不需要智慧；它只需要一個強大的自我，於是你繼續將每件事壓抑到無意識裡面。但是無論你壓抑了什麼，就得不斷的壓抑它們，直到無法壓抑。隨著你年齡的增加，它會變得越來越強大，因為你變得越來越虛弱。壓抑者會變得虛弱，被壓抑者將保持新鮮和年輕，因為它從未被使用。

真正的問題會在老年的時候出現，壓抑會在那時候開始爆發，創造出各種醜陋。是因為這五千年的壓抑創造出我們的神經病和變態。壓抑性，你會變得越來越有性欲；你這輩子都會被塗上性的色彩。你會一直從性欲來思考，沒別的了。壓抑性，然後醜陋的娼妓制度將會出現，一定會出現。一個社會越壓抑，就會有更多的娼妓；那個比例總是一樣的。你可以計算你們的修女和修士的數量，然後你就會知道這個國家有多少男妓和妓女。那個數量是一樣的，因為自然會維持一個平衡。還有變態：因為性能量會找到出路，它自己的方式。它不是創造出神經病就是創造出偽君子；兩者都是病態的。窮人會變成神經病，富人會變成偽君子。

據說摩西盛怒之下，將刻著十戒的桌子砸得稀爛，然後每個人都趕來要分些碎片。

當然富人和政客是先趕到的。他們拿到最好的碎片，上面刻著：「犯通姦的罪，」「說謊，」「偷竊。」窮人和剩下的人拿到的碎片則是：「你不該，」「你不該。」

壓抑創造出狡猾。你失去了真實性，你失去了自然性、自發性，你失去了真理。你開始欺騙他人，你開始欺騙自己。你開始尋找如何說謊和如何繼續說謊的方法。而一個謊言需要一千個謊言來保護它，來支持它。

兩個中古世紀的騎士為了十字軍聖戰而出發。因為他們是老朋友，其中一個人問另外一個人：「幫我解釋一件事。你老是說你的婚姻結束了，你的妻子很無趣，她變得像巫婆一樣醜。是真的嗎？」

「那是真的，」另一個人回答。

「那麼告訴我，」第一個人說：「你為什麼讓她穿上貞操帶？」

「因為等我回去後，」他解釋說：「我要告訴她鑰匙弄丟了！」

不是說謊，就是偽君子、耍詐或發瘋⋯

為了替動物園捕捉到動物，狩獵團在非洲已經待了好幾個月。史麥力一直無法做愛，因此他決定嘗試和一隻龐大兇殘的母猩猩做愛。

他的朋友把母猩猩用鎖鏈拴住，並用一個桶子遮住牠的頭，然後史麥力立刻和牠做愛，突然間，母猩猩弄斷了鎖鏈，並用牠的雙臂抱住了史麥力。為了營救他，其他人抓住牠的手臂，而史麥力昏亂的呻吟著。直到分別有三個人抓住母猩猩的雙臂後，他們才解救了他，他大叫：「不。那個桶子，你們這些笨蛋！把桶子拿開！我要親吻牠！」

當一個人陷在瘋狂中，他會做出任何事！

壓抑的意思是創造出一種道德觀，而不是意識的方法。意識是非壓抑的；它來自於了解、它來自於靜心和覺知。道德觀是壓抑的：它只是繼續對你下命令：「做這個。不要做那個。」它不會改變你，而是毒害你的生命。

尼采這樣說是對的：「宗教無法轉變人類，而是破壞了你們的喜悅。」我非常同意這個人說的這句話——宗教真的破壞了你們的喜悅。如果你在吃東西，宗教會在那兒，譴責你吃的每樣東西，然後關於性、食物、衣物和一切，將會出現很大的罪惡感。

耆那教甚至教導…特別是它們的和尚和尼姑，不能洗澡；不允許他們洗澡，因為洗澡表示你想要使身體看起來是美麗的。那是性，沒別的了。你可能沒想過洗澡和性有關，然而一旦心理被扭曲，它會是無限上綱的。耆那教的和尚和尼姑不能刷牙，因為那表示你在試著使自己美麗。不需要——身體是汙穢的。不需要給它一個美麗的外在、有朝氣的外在和有香味的外在——不需要。它必須被討厭：它是噁心的、令人厭惡的。

然而我遇過洗過澡的耆那教和尚和尼姑，他們必須說謊。他們會把牙膏藏在他們的包包裡面——他們必須藏起來；不能有人知道。當我在印度境內旅行，他們會來找我，然後我會立刻知道他們的包包是否藏著牙膏，因為如果他們沒用牙膏或各種清潔牙齒的物品，他們會有很嚴重的口臭。那麼和他們說話幾乎就是一種酷刑。所以我會立刻知道，如果某個尼姑⋯特別是尼姑，因為女人畢竟是女人；即使她們是耆那教的尼姑也一樣。她們是更身體導向的，這沒有錯；這樣很好，這樣很健康。所以我會立刻知道——如果沒有聞到口臭，我會立刻知道——我會對她們說：「我知道妳的包包裡面有牙膏！」

她們會很驚訝。她們會說：「你怎麼知道的？沒人知道這件事！你可以看見我們包包裡面的東西嗎？」

我說：「沒錯！我可以看見妳的內在；更何況是妳的包包？」

她們會說：「你是第一個立刻發現的人。」

我說：「這沒有什麼困難。不要以為這是一個奇蹟之類的。我只是因為耆那教的和尚和尼姑而受到非常大的折磨，無論何時你們有人來了，如果沒聞到體臭，我立刻就知道他的包包有些東西。他一定是洗過澡。」

現在，即使洗個澡也似乎像是在犯罪。清潔牙齒似乎會使你下地獄。你的生命已經被毒害了，它沒有轉變你的生命。

壓抑無法轉變。即使那使你像偽君子⋯⋯如果你是稍微聰明的人，只要一點點聰明，你會變成偽君子。如果你是完全地愚蠢，那你會發瘋。

「你的歐洲遊艇之旅如何？」派卓問他的朋友。

「很特別！我在第一晚遇到一個女孩，其中一個我曾遇到過的最美的女孩。我們閒聊了一會兒，我們一見鍾情，很快就依偎在彼此的懷裡。第二天早上，當我用手摟著她時，我才知道她是我一個好友的妻子。如此大的打擊使我們彼此都感到很大的罪惡感，我們相擁而泣。」

「那真的很遺憾！但是後來呢？」

「喔，你知道的，我們只能一邊做愛一邊流淚，一邊做愛一邊流淚，一邊做愛一邊流淚！」

那就是正在發生的。

海因，壓抑是發生在人類身上其中一個……最大的災難。由於壓抑，算計跟著產生了。因為你無法對你自己真實，你無法呈現自己赤裸的一面給其他人知道。你失去了全部的真實，所有對真實的尊敬。你失去了對真實的尊敬，你開始欺騙。算計是一種剝削他人的欺騙方式。你失去了對人性所有的尊敬，因為你已經失去了對你自己的尊敬。那麼當你說謊、不真實、不誠實的時候，你又如何能尊敬你自己？如果你不尊敬自己，你也無法尊敬世界上的任何人。當你失去了對其他人的尊敬，你會算計，你開始把他們當成工具來利用。

尊敬表示每個個體都是他自己的目標；不尊敬表示對你而言，沒有人是他自己的目標，為了你自己的目的，為了你自己的目標，你可以把每個人當成工具。丈夫把妻子當成工具，妻子把丈夫當成工具；這是算計。而因為你把別人當成工具……即使父母也把小孩當成工具，而小孩也把父母當成工具。宗教人士把神當成工具，更別說其他人了。每個人都把別人當成工具。

然後你會不斷的害怕：某個人可能會把你當成工具。某人可能會把你的妻子帶走，因此你必須創造一個包圍她的牆，你必須用鎖鏈栓住她；你必須使她非常的依賴你，以致於她無法離開你太遠，不能沒有你而離開。當然，為了回報你，她也對你做了一樣的事情；這是以牙還牙。她開始嫉妒，非常強的佔有欲。她會不斷的對你的行程感到好奇，你在做什麼，你要去哪兒。

我有一天看到穆拉那斯魯丁在哭，他很悲傷。我說：「怎麼回事？你為什麼這麼難過？」

他說：「我很難過。我的妻子派了一個新秘書給我。」

我說：「那又怎樣？這有什麼要難過的？她是金髮的還是黑髮的？」

他說：「什麼金髮還是黑髮。他是禿頭！那就是我痛哭的原因！」

妻子們不斷監視每件事……辦公室發生了哪些事。她們會打很多次電話：「你在哪兒？你在做什麼？」不斷的懷疑彼此，那愛要如何成長？在受到這種污染的氛圍下，愛不可能成長。然後當愛消失，你所有愛的能量會變成恨——你的愛的能量會發臭，那就是恨——然後你變成有破壞性的。愛是創造性的，恨是破壞性的。然後你會不斷尋找去破壞的藉口。

你觀察過嗎？無論何時發生了戰爭，人們似乎比以往更喜悅。在印度曾發生過：印度和巴基斯坦在戰爭，印度全國上下都是朝氣蓬勃的；否則在平常，這個國家好像死掉一樣。人們像行屍走肉，忍著苦過日子；他們沒有什麼可以享受的。然而一旦戰爭發生，他們可以摧毀對方，突然間，他們好像活過來了。人們的臉上充滿了活力——某件事發生了。他們的聊天變得很有朝氣，他們的對話變得生動有趣的。從早到晚，他們一直在觀察：「發生什麼事了？誰贏了？我們和巴基斯坦的戰況如何？我們還要多久就能攻陷巴格達？我們的軍隊怎麼戰勝的？」無論何時發生了戰爭，你會發現人們變得活躍，他們活過來了。否則他們會很遲鈍；他們的生命失去了全部的喜悅。

我們為什麼對破壞如此有興趣？不只是國與國之間。如果基督教和回教發生了聖戰，宗教間的戰爭，你會發現兩方都變得很有朝氣。然後基督徒之間會有很強烈的兄弟情誼。新教徒和天主教徒再也不是敵人；他們都是基督徒，基督的跟隨者。基督教處於危險之中，誰還在乎小小的神學問題？回教徒必須被摧毀！而當回教和基督教處於戰爭中，回教徒殺害基督徒，回教徒不再有任何內部的衝突；他們變得團結一致。什葉派和遜尼派再也不是敵人；他們是朋友、兄弟、同一個宗教的跟隨者、同一個先知和同一本經典的信奉者，都是可蘭經的信奉者。伊斯蘭教處於危險中，不再需要討論任何神學問題。

印度教和回教，無論何時他們裡面有人被對方謀殺，他們就變得很團結；否則他們會很遲鈍，死氣沉沉的——他們開始茫然的過日子。這是很奇怪的。為什麼人們對破壞這麼有興趣？如果你上了街，你看到兩個人在打架——你可能有一個非常緊急的工作——你會完全忘記那個緊急的工作；你會留在那兒。你會先看那場爭鬥；你無法離開那個地方。緊急的工作可以等一下處理；事實上，已經不再有比看這場爭鬥更緊急的事了。為什麼？為什麼當兩個人在打架，會有一群人聚在那兒看？因為你認同那場爭鬥。這發生在很多情況。一場足球賽或曲棍球賽，你會看到數千人在叫喊，幾乎要發瘋了，跳躍著，準備要殺掉敵隊。為什麼有這麼大的關注？在那兒發生了什麼事？

如果有人從另一個星球來訪，看到了足球賽，他會很震驚。發生什麼事了？人們把球從這一邊踢到另一邊，數千人在觀看。只是因為一顆球被踢來踢去！

我從不對任何比賽有興趣。當我在高中唸書的時候，校長把我叫來。他說：「你從不參加任何比賽。」

我說：「你告訴我任何有智慧的比賽，我會參加。」

他說：「你的意思是什麼：智慧的比賽？」

我說：「這太愚蠢了，這個排球比賽。我為什麼要把球打到網子的另一邊，然後他們再把球打到我這邊？他們可以有一顆球，我也可以有一顆球。然後他們回家，我回家。留著你的球，然後你可以用它們做任何事——抱它們，親它們！為什麼有這些無意義的事？這樣的興奮是為了什麼？我看不出有任何意義！」

他看著我，感到困惑。他說：「你這樣說是沒錯，但是我從沒這樣想過。沒錯，這麼興奮是為了什麼？但是請不要告訴任何人。如果你不想參加，那就不要參加，但是請保持沉默。不要毀了別人的喜悅。」

所以我是學校唯一不用參加比賽的人，前提是我不對任何人說這是沒有意義的，我不能散播我的想法。

在大學會強制參加某種軍事訓練。我拒絕了。我說：「我沒這麼笨！某個人說：向右轉！向左轉！為什麼？我沒有任何向左或向右轉的需要。我拒絕的原因是：這是愚蠢的！除非證明我是錯的，否則我不會參加。」

副校長說：「你做一件事。我們可以讓你因為健康問題而不用參加，這是唯一的可能。我會叫校醫給你證書，證明你的健康不允許你參加軍事訓練。」

我說：「做任何你想做的，但是我不會參加，如果你給我帶來麻煩，我會為你帶來更多麻煩。我會去說服別人不參加。」

他了解我…他說：「你不用擔心。你不用去找校醫，我會處理。我會從校醫那兒拿到證書，我會做每件需要的事。你不用參加，但是請不要對任何人說。我可以了解你的看法——你是對的。」

人們可以了解，但是這種情況仍然不斷繼續，原因是內在裡面有這麼多能量沸騰著，它必須被扔到某個地方。現在，一個愚蠢的遊戲，一個像足球一樣愚笨的遊戲，數千人如此興奮——並沒任何事發生卻如此忙亂！他們開始打架…在每個足球賽後都會有個暴亂。警察必須驅逐，必須扔催淚彈，暴動的民眾必須被驅散。

人類發生了什麼事？這是個明顯的現象，海因。我們讓每個人如此壓抑以致於能量隨時準備爆發。這就像水壺的水已經煮開。但是卻不允許水蒸氣從水壺裡冒出來，然後坐在一邊並用力壓住壺蓋。那不是在泡茶，而是在摧毀整個家庭！水壺會爆炸；它會產生破壞。那就是在發生的。數千年來，人們一直處於壓抑的能量上。現在時候到了：不是發生第三次世界大戰就是人類要重生，不是發生第三次世界大戰就是產生一個新的生活方式。

我在這兒的工作在於創造一個新的生活方式。

你問：為什麼只有人類會壓抑、算計、謀殺、試著要征服自然的本然之流——道？為什麼我們如此愚蠢？

因為我們被塑造成去愚蠢的運作。我們需要一個全新的形態，一個不同的社會架構，一個不同的世界觀，一個不同的生活哲學，尊敬智慧的、支持有智慧的、我們需要把養分給予個體的生活哲學。但是我們繼續做著完全相反的事。

第二個問題會讓你知道我們一直在做的事……

第二個問題：

奧修，我是個牧師。我不同意你認為宗教創造出性變態的看法。請不要問我的名字，但是我希望你可以回答我的問題。

好的，先生。我會稱你為Reverend Banana（令人尊敬的香蕉）！我希望你不會感到被冒犯——沒有任何不敬。只有這樣我才能不嚴肅的看待任何事，特別是牧師。你會很高興，因為和我的一個桑雅士相比，你這不算什麼。我給他的名字是派里尼凡那；派里尼凡那的意思是超越的自由。但是我的桑雅士是如此美麗的人們，他們已經把他的名字改為Paribanana。現在它的意思是「超越的香蕉」！所以你和Paribanana相比不算什麼。為了表達我的敬意，我會稱你為Reverend Banana。

第一個變態就是你如此的懦弱以致於你連名字都不敢寫出來。你是哪一種尋找真理的人？你無法說出來你是哪個宗教；你想要隱藏所有的事實。你一定過著一個戴著面具的、膚淺的、美麗表面的、非常懦弱的生活。但是一個懦弱的人不會是宗教性的；宗教需要勇氣。一個懦弱的人不會是有智慧的；智慧需要勇氣，它需要膽量，因為智慧會帶領你進入叛逆、進入危險、進入未知的，最終進入到不可知的。

你說：我是個牧師。我不同意你認為宗教創造出性變態的看法。

那麼性變態是從哪兒來的？原始部落裡面不存在著性變態。我曾經住在巴斯塔的原始部落裡——沒有任何性變態。你不會在那兒聽到任何同性戀，也沒有自慰；那裡的人們沒聽過這些事。但是傳教士訛化了他們；傳教士說他們是不道德的。那些原始部落才是自然的，這些住在巴斯塔的茂密叢林的單純人們，他們有自己的村莊——小村莊裡會有——一個年輕人專用的地方。

一旦有男孩或女孩對性有興趣，他會開始住在一間特別的房子裡，一個共用的房子，村裡的小孩可以去住——小孩用的房子；女孩、男孩全住在一起。一旦任何小孩對性有興趣，他會被安排住在那個房子，和其他小孩住在一起。那個房子稱為Gotul。只有一個規則要遵守：不能有男孩或女孩和同一個人睡超過三天。幾個月後他們可以再一起睡三天，這樣村裡所有男孩和女孩都能接觸到每個人。

現在，這些傳教士把這個情況稱為娼妓。那不是娼妓，那只是一個美麗的訓練和規則：那使他們更覺知到所有可能的關係。所有男孩都能知道所有女孩，所有女孩都能知道所有男孩，所以一旦出現了選擇丈夫或妻子的問題，那會很簡單。他們知道和誰在一起會完全適合，和誰在一起會感到最和諧。他們已經和其他所有女孩、所有男孩實驗過。因為他們一次只能住在一起三天，不會產生任何嫉妒——不可能有嫉妒。你無法說：「這是我的女孩，你在對她做什麼？」三天後她就不再是你的女孩。沒有誰屬於誰的問題。那是一段暫時的關係——你可以和別人實驗三天。一旦他們性成熟了，他們就能結婚。不會有離婚，也不會有婚外情，在他們的婚姻生活中會有很大的和諧——一定會是這樣。

但是基督教傳教士到了那兒，轉變了他們。基督教傳教士認為他們是非常墮落的人：他們的小孩被教導濫交。這些小孩受到了牧師的控制，因為他們是貧窮的。你可以給他們麵包、奶油、衣物和醫藥，所以現在醫院和學校——還有聖經，慢慢的，慢慢的，慢慢的⋯

我在二十年前去過巴斯塔，但是我聽說現在一切已經完全改變。很多村莊的Gotul都消失了，因為基督教傳教士大力的譴責。但是變態跟著產生了：現在小孩將會自慰，因為一個男孩在十三歲或十四歲就性成熟了，而你讓他在二十四歲或二十五歲才結婚，這段時間的性能量要怎麼辦？他只得學習自慰，一種變態，不然就是成為男同性戀，也是一種變態；而女孩則成為女同性戀。

你說你不同意我的看法。那不是看法，那只是陳述事實。那是宗教，地球上一直存續至今的所謂的宗教，創造出所有性變態。你們的男修道院、你們的女修道院都是性變態的；裡面充滿了性變態。

巴西外交官的妻子來到日本，正在和一個日本老牧師交談。

「先生，」她問：「你在日本可以選舉（election）嗎？」

牧師猶豫了一會兒，然後說：「是的，女士，每天早上。」

修道院來了一個新來的修士。一個修士問他：「你喜歡喝酒嗎？先生？」

「喔，事實上，我從沒喝過酒，先生。」

「真遺憾！那雪茄呢，先生？」

「事實上，我從沒抽過菸。」

「真遺憾！但是你喜歡混在女人裡面吧？」

「不能這麼説，先生。」

「真遺憾！這是我和你之間的秘密，你——跟他們一樣嗎？」

「不，先生！」

「真是遺憾！」

在接受了七年嚴苛的訓練和戒律後，十個年輕的修士將要接受最後的考試以便獲得聖職。

為了測試他們對俗世誘惑的克制力，他們排成一排，完全脱光衣服，並在他們的陰莖上綁上小鈴噹。

然後出現了一個美麗性感的黑髮赤裸女子，走過他們面前。沒有任何事發生，直到她走到最後一個修士前，然後……叮鈴鈴，叮鈴鈴，他的鈴鐺響了。可憐尷尬的修士向院長請求，再給他一次機會證明他的自制力，經過一些討論後，同意他可以有一次機會去證明他已經超越了俗世的誘惑。

當這十個修士再度站成一排，一個可愛的、赤裸的、窈窕的金髮女子走了出來，從容的走在這排男士前面。沒有任何事發生，直到她走到隊伍末端，然後又一次的……叮鈴鈴，叮鈴鈴，最後一個修士的鈴鐺響了，這一次比上次響得更大聲。

由於院長的慈悲，允許給這位修士最後一次機會，但是如果他又失敗了，他會被送走，不會再有機會。

當十位修士第三次站成一排，一個最美麗的、赤裸的紅髮女子出現了，挑逗地走過修士前方。當她走到最後一位修士前面，這已經超過他的容忍範圍，鈴鐺如此猛烈的響著，以致於綁著它的線斷掉而掉在地上。

最後一位修士十足地沮喪，必須接受他的命運，離開修道院。

當他彎下身撿起鈴鐺時，突然聽到其他九個鈴鐺響起的聲音——叮鈴鈴、叮鈴鈴、叮鈴鈴……

第二章
一直會是今天

第一個問題：

奧修，為什麼很難原諒別人？為什麼很難放下過去受到的傷害？

凱亞雅尼，自我存在於痛苦中——痛苦越多，自我得到的養分就越多。喜樂的時候，自我完全消失了，反之亦然：一旦自我消失，喜樂就開始灑落在你身上。如果你想要自我，你就無法原諒，你就無法忘記——特別是受到的傷害、創傷、侮辱、羞辱和經歷過的惡夢。你不只無法忘掉它們，你會繼續增強它們，你會強調它們。你會忘記生命中發生過的美麗事件，你不會記得喜悅的片刻；就自我而言，它們沒有用途。對自我而言，喜悅就像毒藥，痛苦則像是維他命。

你必須了解自我的整個機制。如果你試著原諒，那不會是真正的原諒。透過努力，你只會壓抑。只有當你了解到頭腦裡面不斷發生的整個遊戲的愚蠢，你才能原諒。必須了解它全部的荒謬，否則你會從某一邊開始壓抑，而它又從另一邊出現。你會透過某個方式壓抑；但是它會透過另一種方式出現——有時候它是如此精微以致於幾乎不可能察覺到，同樣的架構，但是經過更新的、重新排列的、重新裝飾過的，看起來幾乎像是全新的。

自我依靠否定而生存，因為自我基本上是一個否定的現象；它透過說「不」而存在。「不」是自我的靈魂。你怎麼能對喜樂說「不」？你可以對痛苦說「不」，你可以對生活的困惱說「不」。你怎麼能對花朵、星星、太陽和美麗的、神性的一切說「不」？整個存在都充滿著它——充滿著玫瑰——但是你繼續選擇刺；你對那些刺有很大的投資。一方面，你繼續說：「不，我不想要這個痛苦，」另一方面，你繼續執著它。然後好幾世紀以來，你一直被要求去原諒。

但是自我可以透過原諒而存續，透過這個概念「我已經原諒了。我已經原諒了我的敵人。我跟平凡人不一樣」，它開始有了新的養分來源。然而，好好記住這點，生命其中一個根本的法則是，平凡人就是認為他不是非凡的人；普通人就是認為他不是非凡的人。當你接受了你的平凡，你就變得不平凡。一旦你接受了你的無知，第一道光芒會進入到你的存在裡，第一朵花已經綻放了。春天就要來了。

耶穌說：原諒你的敵人，愛你的敵人。他是對的，因為如果你可以原諒你的敵人，你將不再受到他們的束縛，否則他們會繼續纏著你。敵意是一種關係；它比你所謂的愛影響得更深。

沙維塔問過一個問題：「奧修，為什麼一段和諧的愛情似乎是乏味的、死氣沉沉的？」

原因很簡單，因為它是和諧的；它對自我是沒有吸引力的；它似乎好像不存在。如果它是完全和諧的，你將會忘記它。某些衝突是必須的，某些奮鬥是必須的，某些暴力是必須的，某些恨是必須的。愛——你所謂的愛——並沒有很深入；它只是表面上的，甚至更淺。但是你的恨是非常深入的；它就像你的自我一樣深入。

耶穌這樣說是對的：「原諒，」但是好幾世紀以來，他一直被誤解。佛陀說了同樣的話——所有的成道者都一定說過同樣的話。他們的語言會不同，那是自然的——不同時代、不同時期、不同的人——他們必須說不同的語言，但是主要的核心是一樣的。如果你無法原諒，那表示你會和你的敵人、你受過的傷和你受過的痛苦一起活下去。

所以一方面，你想要原諒和忘記，因為唯一忘記的方式就是原諒——如果你不原諒，你就無法忘記——但是另一方面，存在著一個更深的涉入關係。除非你了解那個涉入關係，否則耶穌和佛陀都不會有幫助。你會記得他們美麗的談論，但是它們不會變成你生活方式的一部分，它們不會存在於你的血液、你的骨頭和你的骨髓裡。它們不會成為你靈性氛圍的一部分；它們仍和你是不相容的，某個從外面強加的東西；美麗的，至少聽起來是有智慧的，但是就存在性而言，你會繼續以同樣舊有的方式生活。

第一個要記住的是：自我是存在中最負面的現象。它就像黑暗。黑暗沒有正面的存在；它只是光的不在。光有一個正面的存在；那就是為什麼你無法直接對黑暗做任何事。如果你的房間完全的黑暗，你無法把房間裡的黑暗趕走，你無法把它扔掉，你無法用任何方式直接摧毀它。如果你試著要和它戰鬥，你會失敗。黑暗無法透過戰鬥而被打敗。你可能是一個偉大的摔角手，但是你會很驚訝的知道，你無法打敗黑暗。那是不可能的，原因是黑暗不存在。如果你想對黑暗做任何事，你必須透過光。如果你不想要黑暗，就把光帶進來。如果你想要黑暗，就把燈關上。但是要透過光；你無法直接對黑暗做什麼。負面並不存在——自我也一樣。

那就是為什麼我不對你說：原諒。我不對你說：不要恨；去愛。我不對你說，拋棄你所有的罪，變成正直的。人類已經試過一切方法，但是都完全失敗了。

我的工作是完全不同的。我說：把光帶進你的存在。不要擔心這些黑暗的片段。

在黑暗的中心就是自我。自我是黑暗的中心。你把光帶進來——方法就是靜心——你變得更覺知，你變得更警覺。否則你會繼續壓抑，不管你壓抑了什麼，都必須再被壓抑、再壓抑、再壓抑。那會是徒勞無功的練習，完全沒有用的。它會開始從別的地方出現。它會從你內在中比較虛弱的地方出現。

我每天遇到這麼多問題，它們顯示出負面如何出現的，透過這麼多種精微的方式。就在有一天，我說過一個笑話，關於慕克塔問過我：她是否可以為我帶一輛一九三九年的勞斯萊斯？我說：「我不再對任何老舊發臭的東西有興趣。你可以稱它為經典款，你可以稱它為古董，你可以給它美麗的名字，但是真相是：四十年來，有這麼多發臭的人用過它⋯⋯我不想再用它。」

雅崔立刻寫一個問題給我：「奧修，你沒有任何嗜好嗎？老的東西有它們的美。」雅崔可能不知道，她可能不知道這是一種負面的形式。我只是在開玩笑，否則我為什麼要談論葛玄？已經二十五世紀之久⋯⋯

但是立刻地⋯⋯不能錯過這個機會。如果你可以說任何話來反對我，你不會錯過機會。

就在今天，我收到另一個來自阿特塔的問題：「有好多次，你使用到「我」

，「我的」，「我的桑雅士」。你似乎擁有一個最大的自我。」

我可以停止使用「我」，「我的」，「我的桑雅士」——那不會有幫助。這些只是文字，有它的實用性。我也使用「黑暗」這個字，雖然它並不存在。它從未存在過，它無法存在。只是藉著使用「黑暗」這個字，不會讓黑暗開始存在。但是阿特塔一定在等待機會去說些挑釁我的話，透過某個方式對我使用暴力。這是自然的，因為桑雅士的意思是臣服，當你臣服，你大多時候是在壓抑自我。它會從某個地方找到自己的方式來主張自己。

佛陀的堂兄，提婆達多，有好幾次想殺掉佛陀，這並不是巧合。他自己的堂兄…為什麼？他為什麼這麼反對佛陀？他也是佛陀的弟子。但是他們是同一時代下，同年紀的人。他們在同樣的皇宮長大，在同樣的學校被同樣的老師教導，一起遊戲。而佛陀卻成道了，提婆達多裡面有一個深深的嫉妒。首先他想要靠自己成道；但是他做不到。於是，不情願的，勉強的，他臣服了佛陀。他一定是帶著很深的抗拒說：「我向佛陀請求庇護、我來到佛陀的腳下請求庇護。」但是內心裡，他一定在想：「我們屬於同一個皇室家族，流著同樣的血，受到同樣的教育。我們一起遊戲。所以我為什麼要向他臣服？」然後，一旦他開始稍微深入靜心，只是一點，有了一點點靜心的經驗，他就開始收集跟隨者。他開始散播謠言說他也成道了。

佛陀叫他來：「你會成道；那不會有問題。但是現在你還在路上。不要錯過機會。」這使他感覺很不舒服。立刻地，所有遭壓抑的抗拒都出現了——他反叛了。他帶走了一些變成他的朋友和跟隨者的人，離開了佛陀。他們所有的努力就是：如何殺了這個人？

猶大是耶穌死亡的原因，而猶大是耶穌最聰明的門徒。記住這點。不要忘記，他是耶穌下面最世故的人。其他人是非常純真的，單純的人，幾乎像是原始人：村民、漁夫、木匠、陶匠、織布工；除了猶大之外，沒有任何人受過教育。猶大受過比耶穌還要多的教育，他是更有教養的。他在等待，遲早他會是領導者。一旦耶穌被除掉，他會是所有人的首領。然而似乎沒有任何可能性顯示耶穌會比他早死。最後他決定是該強迫性的除掉這個人的時候了。

猶大是罪犯、兇手。他告訴耶穌說只有三十個銀幣。他想這是唯一能除掉耶穌的辦法，然後他就能成為所有人的首領。他的內心深處裡一定有一個受傷的自我。

事情總是這樣發生。馬哈維亞自己的弟子，馬哈利高夏，反叛了他，他開始散播謠言說：「馬哈維亞並不是真的成道者，我才是真的成道者。」當馬哈維亞聽到這件事，他笑了。馬哈維亞去到高夏居住的地方，他去看他並說：「馬哈利高夏，你發瘋了嗎？你在做什麼？」

這個人一定非常的狡猾。他說：「我不是你的弟子，記住；曾經當過你弟子的人已經死了。這個肉體是屬於馬哈利高夏的，但是一個偉大的靈魂已經進入這個肉體。馬哈利高夏的靈魂已經離開了。我是一個完全不一樣的人，你看不出來嗎？」

馬哈維亞笑了，他說：「我可以看得很清楚。你是同樣那個愚蠢的傢伙，你還是在做愚蠢的事。不要浪費時間！把你的能量用來讓你自己成道。為什麼要擔心我——無論我是否成道。如果你不是我的弟子，馬哈利高夏，如果進來的是一個完全不同的靈魂，我會接受。如果你這樣說，我會接受這個說法。但是你為什麼要顧慮我？你不斷說著反對我的言論。那表示你仍然對我有很多怨恨。」

這是很重要的，必須了解。因為你們都是這兒的門徒，你們都對我有某些怨恨或某種反對我的東西，原因是因為我在試著摧毀你的自我。那是我必須做的；那是師父的作用，摧毀你的自我。你會變得非常想報復，因此你會攜帶著很深的創傷。

凱亞雅尼，你問：為什麼很難原諒別人？為什麼很難放下過去受到的傷害？

原因很簡單，它們是你擁有的全部。你不斷玩弄著你的舊傷以便使它們在你的記憶中保持新鮮。你從不想讓它們被療癒。

有個人坐在一列火車的某個車廂裡。他對面坐著一個天主教牧師，身旁放著他的野餐籃。那個人沒什麼事做，於是他只是看著那個牧師。

過了一會兒，牧師打開了野餐籃，拿出了一塊小餐巾，小心地放在他的膝蓋上。然後他拿出一個玻璃碗放在餐巾上。接著拿出了小刀和蘋果，開始削蘋果，並開始切它，一片片地放到碗裡面。然後他把碗拿起來，斜靠在窗户，並將蘋果一片片倒出窗外。

然後他拿了一條香蕉，剝了皮，切了它，放到碗裡，再把它倒出窗外。然後是洋梨、一小罐櫻桃和鳳梨，以及一罐奶油——在小心的切好後，他把它們都倒出窗外。然後他清理了玻璃碗，弄乾淨餐巾上的灰塵，再把它們放回野餐籃裡。

那個看著牧師的人很驚訝，他終於問了：「打擾一下，神父，你在做什麼？」

牧師若無其事的回答：「做水果沙拉。」

「但是你把它們都倒出窗外了，」那個人說。

」

「是的，」牧師說：「我討厭水果沙拉。」

人們一直攜帶著他們討厭的東西。他們活在憎恨裡。他們繼續撥弄傷口，以便它們無法痊癒；他們不允許那些傷口痊癒——他們一生都活在過去裡。

凱亞雅尼，除非你開始活在當下，否則你無法忘記過去、原諒過去。我不會對你說：忘記和原諒過去所發生的一切；那不是我的方法。我會說：活在當下，那是接近存在的正面方式。活在當下。另一種說法就是：更靜心的、更覺知的、更警覺的，因為當你是警覺的、覺知的，你就是活在當下。

覺知不會處於過去，也不會處於未來。覺知只知道當下。覺知不知道過去和未來；它只有一種時態，當下。要更覺知，當你開始越來越享受當下，當你感受到處於當下的喜樂，你會停止做這件每個人繼續在做的蠢事。你會停止進入到過去。你不需要去忘記和原諒，它會自己消失。你會很驚訝——它去哪兒了？一旦過去不在那兒，未來也會消失，因為未來只是過去的投射。免於過去和未來的束縛，你將會首次經驗到解脫，經驗到神。在那個經驗中，一個人變成了整體、變成健全的；所有的傷口都痊癒了。突然地，不再有任何傷口存在；你會開始在你裡面感受到一個深深的安樂。那個安樂就是轉變的開始。

第二個問題：

奧修，你對你的桑雅士的基本教導是什麼？

梅塔，你在這個地方一定是陌生人，否則不可能有這樣的問題，因為我沒有任何教導。我完全不是一個老師；我不對你們教導任何事。

教導表示給予資訊。教導基本上就是教化，給予你某個信念，把你的頭腦制約在某個思想體系。我反對所有的思想體系，我反對所有教義，因為它們都幫助強化你的頭腦。我在這兒的工作是幫助你超越頭腦。你不是來這兒學習，而是要拋棄；你必須經過一個解除制約的過程。

我不會再制約你。那就是基督教、印度教、回教徒和每個人在做的。如果一個印度教徒想要變成一個基督徒，他將必須經過兩個過程：他必須先解除印度教的制約，然後再接受基督教的制約。但是只有制約在改變，沒別的了。你的衣服改變了，但是你的意識仍然一樣。

只有當你解除了制約並不再受到制約後，你才會經驗到意識，當你離開一切，只剩下你自己，完全的天真。我稱之為純淨。

那就是葛玄的道的本質。葛玄寫下來的這些話被稱為清靜經。道沒有教條、沒有教義。它相信頭腦全然的空，它相信無物。當你完全的空，你就和彼岸有了接觸。彼岸沒有很遠，但是你充滿了垃圾、廢物，沒有多的空間可以讓彼岸進入到你裡面。它就像放滿家具的房間。把房間裡所有家具都移開：一方面，房間變空了，所有家具都被移走了；另一方面，房間充滿了空，天空進入了，空間進入了——房間變得更寬敞。那就是當你的存在解除了制約並被獨自留下時所發生的。

我完全不想教導你們任何事。我不要你們相信神，因為有什麼相信神的需要？當神可以被經驗到，何必再去相信？相信是一個可憐的取代物。當你可以擁有真正的花朵，何必再去尋找塑膠花？當你可以栽培出紅色的玫瑰，何必再渴望不真實的、合成的東西？

所有的相信都是不真實的。我要你們成為了解的人，而不是相信的人。我要你們成為了解的人，不是印度教徒、基督徒、佛教徒。沒錯，我要你們成為一個佛，一個覺醒的存在。我要你們成為一個基督，不是一個基督徒。那個差別是極大的。尼采曾說過，第一個也是最後一個基督徒，已經死於二千年前的十字架上。讓我重覆：第一個也是最後一個基督徒。尼采是個瘋子，但是有時候瘋子會有一些偉大的洞見，那是所謂的理智一直錯過的。尼采有很多洞見。這是其中一句……他說過的非常重要的話。

成為一個基督。為什麼不透過經驗神來為自己加冕？我不教你們關於神的事，因為所有的教導都是關於。「關於」這個字的意思是大約。所有的教導都是大約、大概；它們一直在繞圈子。它們使你是博學多聞的，但是不讓你成為了解的人。

梅塔，我沒有任何教導要給予。我有真理，但是它無法被教導。真理只能被了解，它無法被教導。那就是satsanga的意思：和師父在一起。那就是桑雅士全部的目的：和我處在同樣的和諧。

真理是一個超越文字的傳達。文字從一個頭腦來到另一個頭腦。我對你們說的話會從一個頭腦來到另一個頭腦。沒有被說出來的話是更重要的。聽著我的沉默，介於話語之間的中斷。聽那個間隔。當你和我處在同樣的和諧，和我處於深深的協調裡，你我之間沒有繼續著任何爭鬥……沒有抗拒、沒有衝突、沒有爭辯……沒有任何爭辯的需要，因為我不是要試著說服你任何事，我不是要試著使你相信而成為跟隨者，成為模仿者。我的努力是完全不同的：是那個屬於交流的，不是屬於溝通的。

當兩顆心一起以同樣的音調跳動著，以一種同步性一起跳動著，當它們在深深的愛的擁抱中，手牽手一起跳舞，然後某個東西被傳達了，某個東西從一顆心跳到另一顆心。就像把一根沒點燃的蠟燭靠近一根燃燒中的蠟燭，當你把沒點燃的蠟燭非常靠近燃燒中的蠟燭時；火焰會從燃燒中的燭心跳到另一根沒點燃的燭心上。燃燒中的蠟燭沒有失去任何東西，但是沒點燃的蠟燭的獲得是無窮的。

我沒有任何教導。我不給予我的桑雅士任何教條。我要他們成為個體，我不要他們變成複印紙。我要他們成為他們自己，真實的自己。我全部的渴望就是在你裡面創造個體性，而不是集體性頭腦。基督教在創造一種集體性頭腦，回教在創造另一種集體性頭腦，印度教在創造不同於前兩者的集體性頭腦，諸如此類。

我不信任集體性頭腦，我信任個體。我是一個個體主義者；我相信個體的最高價值，沒有比個體更重要的。

鮑爾神秘家有一句美麗的吟遊詩：最高的真理就是個人，沒有比這更高的，沒有比這更有價值的。

個體不是任何東西的工具——共產主義、社會主義、法西斯主義、印度教、耆那教、佛教。直到現在，幾千年來，人一直被當成用來達到某種目的的工具——任何愚蠢的目的就能被當成犧牲數百萬人的藉口。

我不要犧牲任何個體，因為沒有比個體更重要的。我對個體的尊敬是無條件的、不受任何制約的。個體就是他自己的目的。我要幫助你們、支持你們，這樣你們就能成為你自己。

你問我：你的基本教導是什麼……

有一些基本的東西，但是那不是教導。那是我的愛，不是我的思想體系。那是我想要給予你們的神性酒醉，那是我想用來點燃你們的靈魂的火花，一把火。

一個回教托缽僧、一個天主教牧師和一個桑雅士在一個火車站相遇，開始談起宗教。

「喔，」托缽僧說：「我們蘇菲是伊斯蘭教的主力。我們是使樹木保持翠綠的汁液。我們一直為舊傳統注入新的洞見和能量。但是，當然，伊斯蘭教是非常保守的宗教，所以我們必須讓舊瓶子能裝進新的酒。」

牧師是一個美國耶穌會信徒，他說：「我能了解。我們耶穌會是天主教教會最有活力的。我們給了它高水準的智慧，並使信仰能隨著快速變化的世界而更新。自然地，我們主的教導仍維持著永恆不變的真實和效力，但是我們必須給教會一個新的形態，使它符合現代的需求。你可以說我們讓舊的瓶子裝入舊的酒，但是使酒嚐起來仍是美味的。」

桑雅士則保持沉默，直到托缽僧用手肘輕推他：「我的朋友，你和你的師父，你們做了什麼？」

桑雅士漫不經心的回答：「噢，我們把酒喝光，並把酒瓶砸碎。」

第三個問題：

奧修，我是從阿姆利則寫信給你的Michael Potato-Singh。我已經到了這兒。我有些問題。

這個地方真的變得越來越美了！

歡迎你，Michael Potato-Singh。Reverend Banana也在這兒。你來了，我希望你的朋友Michael Tomato，從邦加羅爾寫信給我的人，也能很快就來到這兒。

似乎Michael Potato和Michael Tomato是同一個人。他們的字跡是非常相似的。如果這是個笑話，那它是美麗的。我愛笑話。但是它可能不是笑話，它可能是一件嚴肅的事。你可能有分裂的人格，你可能有精神病——這一天是Michael Potato，另一天是Michael Tomato。誰知道你以後還會告訴我們什麼！

但是無論如何，我的桑雅士都是素食主義者。我們需要所有的馬鈴薯、番茄和香蕉。所以請待在這兒，也把你朋友叫來。我們不是食人族——而是純素食主義者。所以我們只會吃你們的一部分——甘藍菜、花椰菜、香蕉。我不認為這兒有任何像伊迪阿敏（非洲狂人）一樣的人，會把你完全吃掉。

我聽說：

伊迪阿敏在飛機上，空廚拿了菜單給他。他看了菜單，然後把它扔掉說：「請拿乘客名單給我。」

還好你不在那兒。事實上，我自己偶爾會喜歡來點洋芋片。剛好你來了這兒。歡迎你。

Michael Potato第一個問題是：你知道為什麼猶太人對摩西感到很憤怒嗎？我曾經是猶太人，所以我知道。他們憤怒是因為如果摩西離開時是向左走而不是向右走，他們現在就會有石油了。

Michael Potato的第二個問題是：你可以告訴我鸛平常休息的時候都在做什麼嗎？

當然，Michael Potato。我對這類哲學問題非常有興趣⋯⋯牠們會盤旋在女修道院上方，使修女很緊張。

Michael Potato的第三個問題是：什麼問題永遠不能用「是」或「不」回答？

那樣的問題只有一個，Michael Potato：你睡醒了嗎？

第四個問題：

奧修，Michael Potato問：生命的起伏變化會使你困擾嗎？

不，只有像你這樣的蠢人才會！

第五個問題：

奧修，我來這兒是為了尋找涅槃，但是現在我只想成為你佛境的一部分，我一點都不在乎涅槃了。請接受我，雖然我不配。

巴地，其中一件需要了解的最重要的事就是，欲求涅槃是唯一的阻礙。你可以欲求金錢，你可以欲求權力，你可以欲求名聲，但是你無法欲求涅槃；字面上已經是衝突的。涅槃的意思只是了解到所有的慾望都是沒有用的——包括對涅槃的慾望。

慾望本身就是荒謬的。處於無欲的狀態就是涅槃。每個來到這兒的人都帶著某個慾望。每個來這兒的人總是帶著他們的經歷。如果他們在相信神的環境下被帶大，他們來這兒會是為了尋找神。如果他們在相信自我達成的環境下被帶大，他們被教導生命中最重要的事情就是知道自己，他們來這兒會是為了知道他們最深處的存在，他們至高無上的自己。如果他們被制約成最終的尋找就是要尋找莫克夏、涅槃、成道，如果他們在這樣的環境下被帶大，那他們會帶著那樣的慾望來到這兒。

每個來這兒的人一定會帶著某個慾望。那是自然的，否則你不會在這兒。然而一旦你在這兒，當你開始越來越深入了解我，了解這裡所發生的，你會開始了解那個慾望就是所有痛苦的根源。慾望是唯一的痛苦。慾望就像面紗一樣蒙蔽了你的雙眼。它不允許你去看出那個如其所是的，因為你總是在關心那個應該是的。慾望帶著你去到未來，而未來尚未來到。而無論你欲求了什麼，那都是來自於過去。

巴地，你一定是在受到佛教制約的環境下長大，否則為什麼是涅槃？為什麼不是神？為什麼不是莫克夏？為什麼不是真理？你來這兒尋找涅槃的原因是，從一開始你就被告知，一個人除非找到了涅槃，否則就沒有達成，就沒有喜樂，就沒有喜悅，生命仍會是痛苦的。

但是那是基本的誤解。佛陀的所有努力就是幫助人了解慾望：不是你欲求什麼，問題是你在欲求。慾望本身就是痛苦的根源，因為它帶著你遠離當下、遠離現在、遠離此處。涅槃這個字的意思是慾望的停止，所以你怎麼能欲求涅槃？那是不可能的；那是矛盾的。

很多佛教和尚來找我，他們問如何達成涅槃。我必須告訴他們不要這麼愚笨。達成的想法就是自我的，達成任何目標或完成任何目標，那是頭腦的遊戲；它是一趟頭腦的旅行，那是自我的算術。涅槃的意思只是了解了一切，透過這個了解，它放棄了。不是你必須放棄：記住這個：如果是你放棄，你會為了別的慾望而放棄。你可以放棄，但是你的頭腦會立刻說：「你為什麼放棄這個？」它會讓你被另一個慾望佔據。

曾經發生過很多次：人們來這兒靜心，為了獲得頭腦的平靜，他們不知道想要獲得任何東西的想法正是頭腦持續騷亂的原因。頭腦的平靜只是意味著你已經拋棄所有達成和成就的胡扯，你已經拋棄對任何事懷有野心的想法，不管是世俗的或非世俗的。當然，慾望總是不耐煩的。它們想要快速，就像即溶咖啡，因為何必浪費時間？所以他們來找我，他們問：「要多久時間才能獲得頭腦的平靜？」

我說：「如果你問要多久，那你會使它很困難；它會變得幾乎不可能獲得。你把時間忘掉。時間就是頭腦。你把時間忘掉。」當下不是時間的一部分——時間由過去和未來組成；當下是超越時間的。「你把時間忘掉。」我對他們說：「還有不要不耐煩。」

他們說：「好。如果我們不要不耐煩，如果我們忘記了時間，那要多久才能獲得？」

你了解那個矛盾嗎？他們又重蹈覆轍；從後門……現在這樣的人會無法靜心，因為他會一直想：「它何時會發生？什麼時候？已經過了一小時了，而它還沒發生。已經過了兩天了，但是它還沒發生。已經過了七天了，但是它還沒發生。」他會不斷地看著錶。一再又一再地：「什麼時候？已經過了這麼多時間。」他會一直是緊張的，他無法放鬆。慾望不允許你放鬆；它們使你緊張，它們使你憂慮。

巴地，你這樣說很好：我來這兒是為了尋找涅槃，但是現在我只想成為你佛境的一部分⋯

對涅槃的欲求已經消失了，這是好的。但是記住，想要成為佛境的一部分可能會是同一個慾望的另一個方式——一個新的名字，貼著一個新的標籤。讓這個也消失。你在這兒。當你在這兒，就全然的在這兒。何必擔心明天？明天永遠不會到來，它一直會是今天。你沒經驗過嗎？明天從未到來。你的一生就是明天並不存在的經驗。它一直會是今天。處於此時此地，你就會是佛境的一部分。現在不要創造一個新的慾望，否則它會創造同樣的痛苦。

你說：我一點都不在乎涅槃了⋯

不，你一定還在乎一點點，否則你為什麼要說：「我一點都不在乎涅槃了？」

當一個人和某件事的關係結束了，一個人如此全然地結束以致於他忘記了關於它的一切；他不會移動到另一個極端。另一個極端也是同一個慾望的一部分。首先你很依戀，然後你開始避開——另一個極端。一個人在追逐金錢，有一天他累了，他開始避開金錢。他說：「我連看都不想看到，我連碰都不想碰。」這都是同一個人。

甘地最偉大的門徒，巴委，他不會去看錢。如果你在他前面拿著錢，他會立刻閉上眼睛。那是什麼意思？那只不過表示在某個地方，那個依戀仍然逗留不去。現在，在這個避開之後，存在著同樣的依戀。現在依戀就站在它的頭上，它在用頭倒立。但都是同樣的依戀。

我的方法既不是依戀也不是避開，而是單純的了解。

你說：請接受我，雖然我不配。

誰說你不配了？神從未創造任何不配的人——祂不可能：存在總是盡可能創造出最美麗的人。罪人和聖人一樣美麗。他們都有他們的美。我曾和聖人相處過，我曾和罪人相處過，我的經驗是，罪人擁有比你們所謂的聖人更多的天真。罪人是比你們所謂的聖人更單純、更天真的人。

你們的聖人是狡猾的、機靈的；事實上，他們的聖性只不過是狡猾和機靈。他們是工於心計的；他們的每一步都經過深入的算計。他們是非常貪婪的——當然，他們貪求的是另一個世界，但是貪婪就是貪婪；他們貪求神，他們貪求天堂的愉悅。但是他們在想像什麼天堂的愉悅？都是同樣的愉悅；不會有太大不同。所有宗教說那兒有美麗的女人，非常年輕的，而且他們是永遠年輕的。現在這些經典已經有五千年之久，但是那些女人仍然一樣年輕。

有些宗教相信天堂裡面有流著酒的河流，黃金形成的樹木，鑽石和綠寶石形成的花朵。那麼這個世界有什麼問題?在這兒,他們教導:放棄你的家庭、你的妻子、你的丈夫、你的小孩。在這兒,他們說放棄,而在那兒,他們給你百萬倍的報償。在那兒有許願樹:你只要坐在樹下,任何慾望、任何願望都會立刻實現——完全不用等。兩者相比似乎沒有任何差別。

罪人是更單純的人。

有個傢伙來到天堂門前,請求聖彼得讓他進去。

「你真的想進去嗎?」聖彼得問。

「是的,」那個人回答。

「你的名字?」

「亞里士多德。」

「亞里士多德歐納西斯?」聖彼得問。

「是的,」那個人回答。

「啊,」聖彼得說:「你就是那個著名的希臘船王,你有一艘曾經橫越地中海的非凡遊艇,你還在遊艇上舉辦非常棒的舞會,提供許多香檳和魚子醬?」

「沒錯,就是我,」歐納西斯說。

「你還擁有一個美麗的女人，賈桂琳，她曾經是美國的第一夫人？」聖彼得繼續問。

「沒錯，就是我。」

「很好，很好。所以你也擁有最棒的島嶼，上面有一群僕人、泳池、鮮花等等？」

「沒錯，就是我，」

「而且你還有世界上最棒的凱特布蘭琪餐廳，常常和美女在那兒用餐？」

「沒錯，就是我，」

「好，好，」聖彼得說：「你可以進來，朋友，但是你會發現這個地方簡直是堆狗屎！」

所以何不在這兒當個亞里士多德歐納西斯？何必擔心天堂、美女、流著酒的河流以及許願樹？這些東西在這兒都是可能有的。

罪人滿足於修道院，而聖人想要永恆。誰是比較貪婪的？

這是好的，巴地，但是請拋棄你不配的想法。我從未遇到任何人是不配擁有喜樂的。那由你決定。如果你想要是喜樂的，除了你自己的無知以外，沒有任何事可以阻礙你。那個無知可以很容易地被拋棄。除了你的自我之外，沒有任何事能阻礙你。而自我是不存在的。自我不允許你是有智慧的，因為它活在愚蠢中，活在痛苦中，活在苦惱中。每個人都是配得上的，你也是。

這樣一個美麗的生命禮物已經給了你。你怎麼會是不配的？我完全的接受你所是的：配得上的、配不上的、好的、壞的、聖人、罪人。我從沒問過任何人：「你是誰？你有什麼資格？你有什麼美德？」我從沒問過。無論你是誰，如果神接受了你，如果存在接受了你，我憑什麼拒絕你？

人們問我：「你會一直讓每個人成為桑雅士嗎？」我對他們說：「如果神繼續把生命給予每個人，那麼讓每個人成為桑雅士有什麼問題？」生命是更寶貴的。如果有一天神問了我，那是我跟祂之間的問題。將會有很大的辯論：「祢繼續把生命給予每個人，所以讓他們成為桑雅士有什麼錯？桑雅士的意思只是幫助他們全然的生活。祢給了生命，我只是給了他們如何全然的、強烈的、熱情的生活方法。」

第六個問題：

奧修，我非常愛你的手，它的移動、那些手勢、隨著你每天唱的歌曲舞動著。

阿努湖悌，這沒有什麼特別的。我剛對你們說過，在我過去世的其中一世，我曾經是個猶太人，而猶太人說話的時候無法不搭配手勢——不可能。

在有千哩之長的巴西海岸岸邊，一艘載滿桑雅士的船沉了。不幸地，沒有任何救生艇，船上也沒人會游泳。然而由於某個神祕的原因，猶太人可以站在水上，因此只有他們存活了下來。

當猶太人接近岸邊，村民們，大多是漁夫，無法相信他們看到的。他們看到奇怪的人站在水上，向著岸邊移動，他們的手臂做著奇怪的動作。由於迷信，村民們認為這些猶太人一定是被大海趕出來的黑魔法巫師。當猶太人上了岸，村莊裡的牧師小心地靠近他們，並問：「你們如何不用救生艇而來到這兒的？」

猶太人一邊揮舞著手臂一邊回答：「一直講話，一直講話。」

第七個問題：

奧修，我無法決定是否要成為一個桑雅士。歡迎你給我任何建議。

派拉沙，你是真的歡迎還是因為禮貌？如果你無法決定，你如何能歡迎某些我還沒說出來的話？我可以對你說：「做一個量子跳躍，去成為一個桑雅士。」但是我認識你有十年了：猶豫不決是你的靈魂——你從沒辦法為自己決定任何事。我看過你對很多事做出決定，然而等你做出決定，機會已經消失了。你想要娶一個女人，但是等你做了決定，她已經結婚了。

你是一個政客，政客的頭腦是搖擺不定的，否則他們就不會是政客了。政客有點瘋狂；他們是沒有處於中心的，因此他們無法決定。而且這不是你第一次問是否要成為桑雅士了。在這十年來，這已經是第七次——你一再又一再地問，你無法做決定。

記住一件事：死亡每天越來越接近，它不會問你是否想要死——它不會讓你做決定——它就只是把你帶走。在那發生前，讓某個重要的東西在你的生命中成長。

成為桑雅士會讓你失去什麼？你沒有什麼好失去的。你無法失去任何東西，因為首先，你必須失去你所擁有的。我知道你是很窮的。我說「窮」不是說你沒有錢；我是說你的內在是貧窮的。

內心深處裡，每個政客都承受著自卑感之苦，他忍受著內在的貧乏。他承受著內心如此的空洞、無意義，以致於他想要用某個權力、某些名譽、某些聲望填滿它。你這輩子一直嘗試著。並不是你沒有成功——你已經以你自己的方式成功了——但是要完全注意，無論你獲得政治上的成功或失敗，你都是失敗的。那些失敗的，當然，它們失敗了。那些成功的，它們也失敗了。

你曾經聽過這個諺語：「沒有像成功一樣的成功了。」我不相信。我做了些更改。我說：「沒有像成功一樣的失敗了，」因為一旦你成功了，你突然覺知到成功在那兒，但是你內心的空洞仍然不變。事實上，現在你的感覺更強烈——你感覺更強烈是因為，那個用來填滿那個空洞的對於成功的欲求，使你保持被占據的欲求，已經不在那兒了。你成功了，你有了錢，你有了權力，你有了名譽，你有了聲望，然而內在的空洞仍然在那兒，原封不動的。在那兒沒有任何改變。

如果你問我，派拉沙，現在是時候做一個量子跳躍了。已經夠了——你已經想了十年。你要考慮多久？做一個量子跳躍去成為一個桑雅士，不然就忘了它。永遠不要再問這個問題。

一個穿著破損藍格子衣服的男人去找了一個農夫，想要一份工作。「只要給我一份工作，」他說：「我願意做任何事。」

現在這個農夫真的不需要任何幫手，但是他想起來需要把穀倉內大量的牛糞堆肥填到田裡。想到這份令人噁心的工作，他對那個人竊笑著說：「跟我來。你看到這堆牛糞嗎？我要你將它平均的、深厚的填在東邊四十英呎的田地。」

這個穿著藍格子衣服的人溫和的笑著，開始認真的工作。那是一堆非常巨大的牛糞。農夫以為那會花掉他一周的時間才能完成這個工作，但是他沒想到，在第一天要結束前，穀倉裡的牛糞堆肥不見了，已經深厚且平均的，完全層疊的覆蓋在東邊田地。

「嗯，你是一個很棒的工人，」他非常高興：「請跟我進屋享用烤牛肉、罐裝豌豆、洋芋泥和肉汁。」他們有了一個愉快的夜晚，很早就上床睡了。

隔天，農夫帶那個人到了一間小木屋，裡面儲藏著馬鈴薯。「你今天的工作很輕鬆，」他說：「你要做的就是把這堆馬鈴薯一顆顆的看過，然後把大的放在這兒，小的堆放在那兒。工作愉快，我會在晚餐前來找你。」然後農夫就離開了。

農夫在大約五點半的時候回來了，他發現那個破爛衣服的男人倒在那堆馬鈴薯裡，不由自主的哭著。

「怎麼回事？」農夫問：「昨天你獨自處理了像山一樣的糞便，今天你竟然到現在都還沒開始工作！」

「喔，你可以了解的，在華爾街股災之前，我曾經是個政客，」那個人說：「你知道政客是怎樣的人——我們喜歡弄得到處都是大便，然而一旦要做決定……」

第八個問題：

奧修，我不知道你在說什麼。你知道嗎？

索瑪，我也不知道。我是個瘋子。

但是你不是瘋子。你應該能想像得到。你怎麼了？你是猶太人、波蘭人還是義大利人嗎？

有個人向他的猶太老闆要求加薪。老闆說：「你說加薪是什麼意思？你並沒有在這兒做了任何工作。一年通常有三百六十五天，但是今年有三百六十六天，因為今年是閏年。一天的工時有八小時，那是一天的三分之一。所以整年下來是一百二十二天。公司在周日是不營業的，所以一年有五十二天休息，只剩下七十天在工作。然後你有二周的假期。扣掉假期，只有五十六天在工作。此外還有四天國定假日，所以只剩下五十二天在工作。最後公司在周六是不開工的，不是嗎？而一年有五十二個周六，所以你沒有在這兒做了任何事。而你還想要我加薪？」

猶太人有自己的計算方式。如果你是猶太人，非常算計的、狡猾的、機靈的，那麼你會很難了解我在說什麼，因為我說的話不是狡猾的頭腦可以理解的。否則它是非常簡單的。它只能透過天真來了解。如果你不是天真的，那會是困難的，幾乎不可能了解我在說什麼，否則我在說的事情是如此簡單，以前從沒有人用如此簡單的方式來談論。

還是說你是個波蘭人？

有三個歐洲人，分別是一個英國人、一個法國人和一個波蘭人，在南美洲革命中被逮捕，在一個快速的審判後，他們被判死刑，並以槍決執行。為了逃離死刑，這三個人決定要藉由大喊發生了天災，以便讓槍手慌亂。

英國人是第一個，當槍手瞄準他時，他大喊：「地震！」槍手感到驚慌並在困惑中逃離。

同樣地，法國人，一面對牆壁就大吼：「海嘯！」槍手低著頭逃走了。最後，輪到波蘭人了。負責的槍手發出命令：「準備！瞄準！」然後波蘭人喊著：「發射！」

或者，索瑪，如果是最糟的情況，你可能是義大利人。

雅圖羅陷入絕望中。「真是個悲劇啊！」他喊著：「我昨晚回家發現我妻子和一個中國人上床。」

「那你說了什麼？」他朋友問。

「我能說什麼？」雅圖羅說：「我不懂中文！」

第三章 超越那個超越的

令人尊敬的師父說：

當他清楚地想著這三者，他只觀察到空。但是當他觀察這個空，他了解到這個空也是空的。這個空變成了無物。這個空消失而成為無物，他了解到在無物的狀態——什麼都沒有的狀態，在這個狀態中也是無物。一旦達到了最深的無物，一個深入的和安定的寂靜就被非常真實的發現了。處於這個深邃的寂靜裡，慾望又怎麼能被引起？當慾望不再被引起，然後就有一個本有的和安定的寂靜。真理在本質上是不變的。天與地的一切在本質上都是不變的。

《原經文》

三者既無，唯見於空。觀空亦空，空無所空。所空既無，無無亦無。無無既無，湛然常寂。寂無所寂，慾豈能生。慾既不生，即是真靜。真常應物。

東方非常的尊敬師父。西方完全不知道有像師父這樣非凡的人。它知道老師，它對老師相當清楚，但是對師父一無所知。即使是耶穌也被他們描述成一個偉大的老師——西方學者把佛陀描述成一個偉大的老師——完全不知道那個差別。那個差別是巨大的；那個差別是如此巨大以致於它是無法銜接的。師父是一個完全不同的世界。

老師是平凡的一部分，每天都會有的存在。他知道得比你多：那個差別是數量上的，不是品質上的。只要多點努力，你就能知道更多。就學習而言，就知識和資訊而言，老師只是比你更早學習，但是他的存在和你的存在一樣。

師父知道的可能沒有你多，他可能知道的比你少，但是他是更多的——他有更多的存在。那個差別是品質上的：他存在於一個不同的層面。他已經進入一個完全不同的面向，那是你完全沒有注意到的。他只知道一件事，就是他內在的存在。那個知道無法被稱為知識，因為知識要存在會需要三個部分：知者、知道和存在於兩者之間的知識。知者和知道之間的關係就是知識。但是當你知道了你自己；知者就是知道，知者就是知識；完全沒有任何差別。沒有主體和客體。只有整體，沒有分離。

師父是一個已經和最終意識的覺知合而為一的人。他只是有意識的。這個意識給了他一個完全不同的世界觀；因為這個意識，一切都改變了。他以一個新的觀點來看待事情，他的雙眼是不受矇蔽的。他是清晰的，他是透明的，他是一面純淨的鏡子，水晶般的清澈——他的意識中沒有任何一個思想在移動。因此不再有任何矇蔽，不再有任何妨礙。

老師是充滿思想的，他剛好是師父的相反面。永遠不要把佛陀、耶穌或老子稱為老師——他們是師父。此外，他們不教任何事——為什麼要稱他們為老師？他們沒有提供任何新的知識給這個世界。愛因斯坦可以被稱為一個偉大的老師，牛頓可以被稱為一個偉大的老師。達爾文可以被稱為一個偉大的老師，馬克思、佛洛依德——這些人可以被稱為偉大的老師：他們已經教了很多東西。老子教了什麼？佛陀教了什麼？查拉圖斯特拉教了什麼？完全沒有！但是他們給了一個新的洞見，一個新的生活方式。他們已經觸碰了人們的心，他們已經轉變了那些心。他們不給你資訊，他們給你轉變。他們說了什麼是不重要的，他們是誰才是重要的。他們所說的只是一個方法；他們的寧靜才是重要的。

如果你想要了解佛陀、老子、葛玄、卡比兒、那那克，你將必須學習如何察覺那些話語之間的。你將必須學習了解寧靜和寧靜的音樂。你將必須是寧靜的。那會是一種完全不同的學習——事實上，那是忘掉已經學習的。無論你知道了什麼，你都必須拋棄。你必須拋棄你所有的相信、思想體系和哲學。所有你的老師給予你的，從幾公斤到宇宙般的重量，你都必須擺脫它們，你必須超越它們。你必須超越你所有的老師，只有那樣你才能了解一個師父。師父是反對所有老師的。

東方不尊敬老師；它尊敬的是師父。老師是實用的；他們是專家。如果你的浴室發生問題，你會找水管工。就修水管而言，他知道的比你多，但是沒有必要給予他很大的尊敬，並稱呼他「令人尊敬的」。如果你的身體出了問題，你會找醫生。他是另一種水管工：他修補你的身體。如果你想要學習數學，你會去找數學老師。

只有當你厭倦所有實用性的存在後，你才會去找一個師父。當你發現到師父那兒還有更多的，當你感到一個深深的衝動，一個很大的渴望，想要知道那些不是實用的，但是卻有其內在價值，無法被買賣的，沒有價格但是卻有著無窮的重要性，當你感覺到神祕的存在性、奇蹟的存在性，只有那時，你才能接觸一個師父。

事實上，古埃及經典說：當弟子準備好了，師父會自己出現。弟子什麼時候會準備好？當他厭倦了這個功利的世界。在這個世界，每樣東西都有它的實用性；但是神沒有實用性，真理沒有實用性，愛沒有實用性，喜樂沒有實用性，美沒有實用性。玫瑰花的實用性是什麼？原子彈有它的實用性，劍有它的實用性。美麗日落的實用性是什麼？那裡面沒有任何實用性。只有當你開始渴望無實用性的一切，你才能和一個師父在一起；否則你將會從一個老師換到另一個老師。

和師父在一起需要很大的準備。對那些關心錢、權力和名聲的人而言，這個渴望似乎是瘋狂的。最需要的是對未知的渴望，對不屬於這個世界的一切的渴望。如果你變得對靜心有興趣、變得對寧靜有興趣、變得對一個師父有興趣，他們會認為你發瘋了。但是東方對師父有著極大的尊敬。

葛玄以美麗的文字開始了每句經文：

令人尊敬的師父說：

他沒有提到師父的名字。事實上，就師父而言，名字是沒有用處的，因為一個師父也代表了所有過去、現在和未來的師父，因為對師父的經驗是一樣的。無論你接近佛陀、馬哈維亞、摩西或穆罕默德，那不會有任何差別。你都會有同樣的經驗、同樣的狂喜、同樣的芬芳。同樣的喜悅會滲透到你裡面；同樣的舞會開始發生在你的心裡面。

佛陀一再又一再地說，你可以從任何地方嚐到海水的味道：你會發現它都是鹹的。師父也一樣——名字是不重要的。

葛玄沒有提到師父的名字——名字是實用性的。一個師父代表了最終的、無法形容的。他是無法形容的經驗的代言人——讓他也是無法形容的。那就是他的訊息。

令人尊敬的師父說……

在我們進入這些經文前，記住幾件事。東方為什麼尊敬的是師父而不是老師？為什麼是師父而不是學者？為什麼是師父而不是博學的人？因為東方已經知道博學的人只是一隻鸚鵡：他重覆其他人已經知道的；他自己沒有那個經驗。由於他沒有經驗過，那些他重覆的就沒有效力。他可能很善辯，他可能會說服你，對於他所說的，他可能會偽造很多證明，但是他說的話仍然是借來的；那並沒有根植於他自己的存在。他只是對你談論他的記憶，不是他的意識。

真理不在經典裡面。真理是你存在的中心，它是你主要的核心。你可以變得很會玩弄文字——那不會很難——但是那些文字是沒有作用的，那些文字是空洞的，那些文字沒有任何意義。意義透過存在而出現。

如果耶穌說了些話，那是有意義的。你可以重覆說那些文字；但是那不會再有同樣的意義，因為你的存在沒有到達那個程度、那個層面。你會加入你自己的詮釋，你會注入自己的經驗。你會用耶穌的文字作為容器，但是內涵仍來自於你。瓶子會是耶穌的，但是酒會是你的。

而你得到了什麼？你不知道任何重要的事。所有你知道的只是垃圾——也許在這個世界上是有用的，也許要生活在這個世界上，它是必須的，但是你仍不會知道生命是什麼。你知道如何賺錢，你只知道如何浪費生命。

有一個大吉嶺市的教授。他從倫敦旅行到了伊林。他在門上看到了一句話，「請勿隨地吐痰，」於是他小心地吐在天花板上。

「那個哲學家一直因為他的信念而受苦，」有一天穆拉那斯魯丁對我說。

「為什麼，他相信什麼？」我問他。

「他相信他十一號尺寸的腳可以穿上八號尺寸的鞋子！」

你所有的信念就像那樣。你穿著非常適合佛陀但卻不適合你的衣服。你穿著非常適合老子但卻不適合你的鞋子。你住在一間別人為了不同用途而蓋的房子，那個用途和你的用途並不一樣。你這一生是一個冗長的苦難，原因是如果你的腳的尺寸是十一號，而你卻穿著八號尺寸的鞋子，無論你相信什麼，你的相信將不會有幫助；它會為你帶來痛苦。

看看人們的生活——沒有喜悅、歌曲和慶祝。他們是基督徒：他們相信基督。他們是印度教徒：他們相信克理虛納。他們是佛教徒：他們相信佛陀。某件非常基本的事情弄錯了。他們可能會說他們相信佛陀，但是只有文字是來自佛陀的。誰來把意義放到那些文字裡？你會放入你自己的意義——除非你經驗到轉變，否則你的意義將仍是非常普通的。

一個男人和他的兒子以及一個偉大的學者搭計程車去巴黎的瑪德蓮廣場。他們經過一條街，人行道上站滿了娼妓。計程車因為交通堵塞而停了下來。

「爹地，爹地，這些女人站在那兒做什麼？」

「喔…嗯…這些女人一定是在等待她們的丈夫。你看，現在六點了，辦公室都下班了。」

「不要相信你父親！這些是妓女！」非常相信要對小孩誠實的學者說。

「爹地，妓女是什麼？」

「喔…嗯…你知道的…那表示她們的丈夫不只一個。」

「你是說就像電影裡的女主角？」

「是的，但是更多——很多，好幾百個，好幾千個丈夫！」

「咦！但是這幾千個丈夫…他們一定也有好幾千個小孩！」

「當然，那很少見，但不是不可能。」

「這些小孩，爹地，他們後來怎麼了？」

「他們變成了…學者！」

東方從未對老師有任何尊敬。他們是智力的勞工。他們不是真正的智者——西方總誤以為他們是真正的智者。他們是知識分子，但是他們不是有智慧的人。有時候你會發現所謂的知識份子比那些農夫、漁夫和園丁更愚蠢，原因是農夫、漁夫、園丁和木匠，他們的生活更接近大自然、生命和存在。他們擁有更真實的經驗，更接近的，和你所謂的教授、博學的人和學者相比，他們和實相有更親密的接觸。那些教授、博學的人和學者被文字圍繞著——巨大的文字、誇張的文字——但是他們活在文字的監獄裡。你會很容易地被他們欺騙，因為他們說話的方式和師父一樣。他們是虛假的，他們是偽裝者。要覺察這點，覺察到他們的愚蠢。

一個英國人在健行的時候看到一個有名的哲學教授倒著車向山上開去。

「嘿，教授！」英國人驚訝的大喊：「你在做什麼？」

「喔，」教授回答：「我必須送一個包裹到山上去，但是我被告知在這兒無法轉彎。」

之後，他們繼續向著山上的路前進。十五分鐘後，英國人又看到那輛車倒著下山。

「嘿，教授，等等！」他說：「發生什麼事了？」

「噢！」教授笑著回答：「我弄錯了——這裡是可以轉彎的！」

師父是一個活在真理中的人。不是因為他知道關於真理的事，不是因為他聽過真理，不是因為他把真理抽象化，而是活在它裡面，他了解真理——他已經成為真理。他的存在就是他的教導；其他每件事都只是把睡著的每個人喚醒的方法。如果他使用文字，他不是在傳達真理，他把文字當成鬧鐘來叫醒你。老師使用文字傳達真理。真理永遠無法被文字傳達。師父也使用文字，但永遠不是用來傳達真理。他很清楚真理無法被傳達；它是不能傳達的。無法用任何方法和它交流，但是你可以被它喚醒。

事實上不是在告訴你真理；而是使你覺知。當你覺知的那一瞬間起，你就知道了真理，因為真理已經在你裡面。它不是來自外在的某個東西；它在你裡面睡著，它需要被喚醒。

師父會使用文字，也因為他使用文字，好幾世紀以來，學者繼續重覆使用同樣的文字，以為那些是重要的文字，非常重要的文字。因為佛陀使用過它們、葛玄使用過它們、菩提達摩使用過它們、臨濟使用過它們、巴哈丁使用過它們，所以它們一定包含著真理。這些偉大的師父都使用過它們——那些文字一定有很重要的價值。它們裡面沒有任何東西。它們的使用是因為完全不同的目的。那個目的就是要喚醒睡著的人們。

有人送了一隻鸚鵡給碧姬芭杜，她把牠放在臥室內。她每晚都會帶不同的人上床，然後籠子裡的鸚鵡會鼓勵的叫著：「繼續！繼續！你進去了！」

幾天後，碧姬芭杜對牠非常惱怒，有天早上，當她赤裸的走在屋裡，鸚鵡叫著：「來這兒，親愛的，我要跟妳做愛！」她勃然大怒並打了鸚鵡一頓。

等鸚鵡整理好羽毛後，牠悲傷的說：「但是妳對其他小鳥的方式不是這樣！」

博學的人是一隻鸚鵡。他以為佛陀透過這些文字影響了數百萬人，克理虛納透過薄伽梵歌的文字轉變了數千人，好幾世紀以來，穆罕默德透過可蘭經和裡面的文字鼓舞了數千條靈魂。但是這些文字裡面並沒有任何東西。他只是在模仿一個方法，而不知道它真正的目的。

有個下士正要對他的士兵下命令。他叫來一個剛報到的士兵：「吉諾！國旗對你的意義是什麼？」

「國旗，」士兵回答：「是一塊有不同顏色的布。」

「什麼！你在說什麼？你這個笨蛋！國旗是一切。國旗是你的母親，記住，你的母親！」

然後他轉向另一個士兵：「告訴我，國旗是什麼？」

「吉諾的母親，」士兵回答。

小心那些學者；他們是你周圍最愚蠢的人。但是他們美麗的談論著，如果你不是警覺的，你會很容易被他們欺騙。他們引用可蘭經、薄伽梵歌、吠陀、優婆尼沙經，他們透過一個非常邏輯的、有說服力的方式來評論並做出解釋——那會迎合你的頭腦。但是事實上，佛陀從未想要迎合你的頭腦，克理虛納也從未想要迎合你的頭腦。他們想要幫你超越頭腦。他們沒有要說服你的頭腦，因為如果你被某種概念說服，你仍然會待在頭腦裡面。他們試著要使你擺脫頭腦的枷鎖。

你可以看出那個完全不同的目的嗎？師父的目的是把你推出頭腦的界線外，學者的目的是要理性地說服你相信公正、某種思想體系的有效性、哲學。他強化了你的頭腦，他給了你更多的頭腦。師父把你的頭腦帶走，師父把你的頭腦摧毀。老師提供養分給你的頭腦。有很多次，老師看起來是更迎合你的，對你更有說服力的。

你會很容易錯過師父，因為他似乎是你周遭的危險分子。老師似乎是非常服從的；他加強了你的自我。西方尊敬老師並不是偶然的，因為幾千年來，西方相信自我必須被強化，一個強壯的自我是需要的；沒有一個強壯的自我，一個人就不會有人格。那是對的：沒有一個強壯的自我，一個人就不會有人格；但是自我是虛假的，人格也是虛假的。

「人格」這個字來自於一個希臘字Persona；意思是一個面具。在過去，希臘的演員會使用面具。我們一直攜帶著那些Persona，面具。就這個字的原本意思而言，一個強壯的自我確實給了你一個強壯的人格，但是人格不是個體性，而自我也不是你的靈魂——剛好相反。

師父摧毀了你的人格，這樣你就能找到你的個體性。他拆掉你的人格，他帶走你所有的面具，這樣你就能知道你的本來面目。他的工作是困難的，只有非常勇敢的人可以和他在一起，因為那是一個外科手術。你的面具幾乎變成你存在的一部分；要把它拿走會需要動手術。不太容易把它移除，它是會痛的。要移除它會需要一個師父。慢慢的，慢慢的，一片一片的，他繼續拿走你的面具。最後，當面具完全消失，你會發現你的實相，你的本來面目。

老師使你過度的思考；師父只給你靜心。老師給了你很多，讓你夢想，讓你欲求；師父則錘打你所有的夢想並摧毀它們。師父和你的睡眠對抗；老師則像鎮定劑、安眠藥。師父不是一個慰藉，不是一個安慰，不是鎮定劑。師父會使你感到受傷，但是他會轉變你。

有個人來到了煉獄。負責的天使歡迎他的到來。「今天還沒輪到你，」天使說：「你還得留在地球上一段時間。跟我來。」天使帶著他到一個大房間，裡面都是裝滿油的小瓶子。「這些瓶子可以看出你還有多少壽命，」天使說。他的瓶子幾乎是空的。

「我可以看我的妻子和小孩的瓶子嗎？」他問。

「當然，」天使說，指著他的瓶子旁邊的三個瓶子。那個人無法相信。小孩子的油量似乎是正常的，但是他妻子的瓶子裡似乎裝了相當大量的油。

當天使和新報到的人離開後，留下他一個人在那兒，他小心地用手指伸進他妻子的瓶子，沾了點油並放到他自己的瓶子裡。他持續的這樣做，直到兩個瓶子裡的油量幾乎一樣多。他還想要繼續時，卻突然被一巴掌打醒，然後他妻子說：「你這個骯髒的老傢伙，總是喜歡用手指，連我睡覺也不放過！」

人熟睡著、夢想著，欲求著地獄、天堂和一千零一件事。師父的作用就是用力的打擊你，使你不得不醒過來。

葛玄說：

令人尊敬的師父說：

當他清楚地想著這三者，他只觀察到空。但是當他觀察這個空，他想到這個空也是空。

這是一段非常重要的經文，但是首先有幾個字需要修正。這是一個學者翻譯的，一個西方的學者。他說：

當他清楚地想著⋯

現在，原本的經文不可能是清楚地（clearly）想著（thought），因為清楚（clarity）和思想不可能同時存在。那是不可能的；它們是不可能共存的。如果有清楚就不會有思想；如果有思想就不會有清楚。這就像說：「天空充滿了雲而且非常的晴朗。天空充滿了雲而且陽光是非常充足的。」那是不可能的。天空只能是陽光充足的和晴朗的，而且沒有任何雲⋯如果有雲，很多雲，那太陽會藏在雲後面，就不會有晴朗的天空。由於這些雲，你無法看見天空。

清楚是靜心的副產品，而不是思想。但是當學者做這些事時，這將是會發生的。就他們的方式而言，他們做的是一個很好的服務，雖然不知道真正的差別。一個人無法期待他們能知道——他們沒經驗過清楚。他們有考慮過，但是要考慮到清楚是一回事；要了解清楚又是完全不同的一回事。

我知道清楚，但是在它裡面不會有任何思想。我已經知道思想：當思想存在就不會有清楚。因此，要用稍微不同的方式去讀這句話：

當他清楚地對這三者靜心，他只觀察到空。

在上一次的經文中，我們談到了三樣東西：性欲⋯它在印度被稱為Kamma；是所有慾望的來源。記住：性欲不只是性的來源，它是所有慾望的來源。因此你可以改變你的慾望，你可以完全地忘記性，但是如果慾望還在那兒，它仍然是性欲。你可以觀察它⋯

有的人著迷於金錢。你可以看出一件事：他們不再對性有興趣；他們全部的興趣都移向金錢。但是現在金錢已經變成他們的性對象。當他們碰到錢，他們觸碰的樣子就像是在碰他們的愛人。我曾看過人們非常溫柔的觸碰鈔票——令人無法相信。

我認識一個人，他的唯一樂趣是錢，即使是別人的錢。就好像你對美女有興趣，你不會在意那是誰的妻子。如果一個美女經過，你會立刻產生很大的興趣；你裡面出現一個很大的慾望。你受的文化教養讓你無法做什麼；警察在那兒，法律在那兒，所以你不能做任何事，你不會採取行動——那是一件事——但是思想會開始想像。頭腦會開始旋轉，編造夢想。

同樣的，這個人也是如此。他是我的一個親戚。別人的錢…如果他看到你的口袋裡有鈔票，他會直接拿出來開始數，非常溫柔的——即使不是他的錢！他會還給你，但是當他還給你的時候，你會發現他的眼神是悲傷的，你會看出他是不情願的。

他總是在追求金錢，他已經有足夠的金錢了。但是他還是會跟別人借錢。

我曾問他：「你自己有錢——為什麼還要跟別人借錢？」

慢慢的，他開始對我坦承，他說：「不管如何，我都不能用到我的錢。從我自己的口袋裡拿錢出來會讓我感到很受傷——那是令人傷痛的。我感覺幾乎快癱瘓了！我可以跟別人借錢。」

而且他不會還給你。全市都知道他，一旦他跟你借了錢，他就不會再還給你了——他不行。每個人都為他感到遺憾。他擁有十間房子，但是他自己常住在一個很小的房間，其中一間房子的僕人居住區的其中一間。他可以買得起一輛美麗的車，但是他常以腳踏車代步，一部非常老舊的腳踏車，我從沒看過比它更老舊的東西了。

我告訴他：「你至少可以買一部新的腳踏車！」

他說：「但是這部腳踏車，我已經用很久了。而且它是我父親送的禮物。現在我父親過世了，這可以讓我常常想到他。而且這部腳踏車有一個非常棒的地方——對別人而言，它很難騎！」

真的很難騎它；只有他懂得如何騎它。它只有最基本的零件——沒有鏈罩、沒有擋泥板、沒有喇叭、沒有剎車——騎了它半公哩後就會開始發出很大的噪音。他會隨便停放它。他說：「沒人會想偷它。誰會想偷它？」——全市都知道這是誰的腳踏車——「你會立刻被逮到。無論你騎著它去哪兒，大家都會知道那是誰的腳踏車。」

當他去看電影，他不會把腳踏車停在停車場，因為那要十派士或二十派士。他會把腳踏車隨便停在某個地方，看完電影後他會去找腳踏車，腳踏車還在原地，它從未弄丟過。直到他臨終前，他仍然使用著那部腳踏車。

他過著窮人般的生活，非常貧困的生活——乞丐的生活。然而他攢積了這麼多錢……他沒有任何子女。

情況總是這樣，貪婪的人總不會有小孩；這裡面一定有些心理因素。在印度，非常貪婪的人常會領養小孩——富有的人會領養。貧窮的人有很多小孩，非常多，事實上；他們需要生育控制，而富人，非常富有的人，貪婪的人，卻沒有小孩。他們如此貪婪以致於對他們的生理產生了某個深深的影響。他們所有的性欲變成了對金錢的著迷。

因此，記住，葛玄說的第一種毒是性欲。它的意思不只是性，而是所有的慾望。

一個蘇格蘭人到了一座橋的收費口，給了收費員一便士，便走了過去。

「嘿，年輕人！」收費員叫著：「過橋費是兩便士！」

「我知道，我知道，」年輕人以疲倦的聲音回答：「但是我只要走到橋中間，然後跳下去！」

驗屍官：「波卡女士，你丈夫的遺言是什麼？」

波卡女士說：「艾利諾說：一加侖的吉安地酒只要一美元，我無法了解他們要怎麼賺錢。」

遺言！遺言總是非常重要的；它們是你這一生的精華。有些人即使在他們一生結束前也還在想著錢。

當神創造了瑞士後，祂問了一個瑞士人：「你想要什麼？」

毫無猶豫的，瑞士人說：「我要很多牛奶！」

然後他得償所願了。

幾天後，神好奇的問瑞士人：「你的牛奶如何？」

「最棒的，我的主，」瑞士人回答：「來喝點！」

神喝了點牛奶發現它真的很好喝，然後祂問那個瑞士人：「你還想要別的嗎？」

再一次的，毫無猶豫的，瑞士人回答：「是的，我的主。祢剛喝的牛奶，請付四法郎！」

即使你遇見神，如果你著迷於金錢，你不會認出祂；你會做你這輩子一直在做的事。只是遇到神不會讓你改變——除非你拋棄那個毒，沒有任何東西能改變你。只有當一個人變得是非常靜心的，當所有思想都消失了，當他有了可以清楚看見的能力，當他變成了看者，這才會發生，

第一個毒是性欲。當你透過性欲來思考，無論你的性欲變成什麼形式——它可能是對金錢的著迷，對權力的著迷，那都沒有差別——當你透過性欲來思考，你裡面的每件事都變成性欲的。你全部生命的功能就是一個轉變機制，你轉變每件事以創造出越來越多的性欲。無論你看到了什麼，你都是看到你的性欲所投射出來的——你無法看見一切。你失去了清楚看見的能力。你被你自己內在的毒包圍著；它持續出現，就像包圍著你的煙霧，你只能隔著煙霧去看，那個煙霧會扭曲你看到的一切。

一個黑人士兵和一個白人中士正準備要離開，在最後一刻，傳來了命令，士兵不能離開。黑人對白人說：「中士，你可以對我女友說發生了什麼事嗎？這樣她就不會以為我和別的女人跑了，她會相信你，因為你是我的中士。」

中士同意了，並要了她的地址。當他抵達那個村鎮，他找到那間房子，結果那是一間紅燈區的妓院。他走向某間房子並敲了門。

一個碩大的黑人女士開了門。她看著中士說：「我很抱歉，中士，但是我們在這兒不服務白人，只有黑人才行。」

中士回答：「妳弄錯了，女士！妳看，我有一個黑人士兵的（black private）……」

女士笑著說：「好吧，你真是一個花俏的人。」

第二種毒，憤怒，無論何時你的性欲被抑制了，它就會出現。對你的慾望造成阻礙的一切都會創造出憤怒。除非慾望消失，否則你無法拋棄憤怒。

很多人問我如何拋棄憤怒，他們不了解，他們在問我如何拋棄一個症狀，憤怒只是一個症狀。它只是說當你的慾望在某處受到阻礙：某件事擋在你、你的慾望和你欲求的東西之間——因而產生了憤怒，憤怒的意思是：「我要摧毀那個阻礙！」除非你的性欲消失，否則你無法拋棄憤怒。

丈夫和妻子不斷的爭吵和生氣不是偶然的，原因是……性欲。他們是對方的性對象，有性欲的地方就會有憤怒。憤怒就像煙霧。邏輯學家說：「有煙的地方就有火。」你可以這樣說：「有憤怒的地方就有性欲。」當憤怒消失，那表示性欲也消失了。

只有當根源已經不在那兒了，憤怒才會消失。你無法拋棄你的憤怒；你必須去到那個根源。試著拋棄你的憤怒只會創造另一種新的憤怒：你會從這一邊壓抑它，但是它會從另一邊出現。

由於這個眾所皆知的事實，好幾世紀以來，沒有國家允許軍人可以有自由的性行為，因為如果軍人被允許有自由的性行為，如果他們的性不受到阻礙，那他們會失去破壞力，他們會失去憤怒，他們將不再是憤怒的。

必須從很多方面防堵他們的性。他們不能和妻子在一起，他們必須遠離妻子。不只如此：必須讓他們看各種色情影片、各種色情雜誌；必須讓他們接觸女演員。當兩個國家在交戰，女演員會去勞兵以鼓舞他們的士氣。那個鼓舞是什麼？那個鼓舞就是：當女演員來了，蘇菲亞羅蘭來了，那會激起所有士兵的性欲，當然，他們不能做什麼；那個被激起的能量會變成憤怒，變成暴怒。然後他們開始摧毀敵人，瘋狂的破壞。如果讓他們的妻子、女友和他們待在前線，他們就不會想打仗。

那就是為什麼美國不斷輸掉戰爭的其中一個原因：他們的士兵是最沒受到性壓抑的人；他們不打算贏任何戰爭。性壓抑是必須的——它創造出憤怒。一旦有如此多的憤怒但是又沒有可以抒發的途徑，那唯一剩下的發洩途徑就是摧毀敵人。

你觀察過嗎？一旦有軍隊戰勝了某個國家：第一個犧牲者總會是那個國家的女人；她們會立刻被強姦。你看不出那個關係嗎？軍人在為女人戰鬥嗎？為什麼一旦軍隊進入他們征服的城市，他們就立刻開始強姦，彷彿他們只是在等待這個機會？在那之前一直都沒機會；現在有了。第一件事就是：強姦女人。第二件事是：搶劫人們的錢。第一件事來自於憤怒，第二件事來自於貪婪，但是造成這兩種情況的原因都是因為性。壓抑性會創造出憤怒和貪婪。

你會很驚訝的知道，任何把某種壓抑教導給它的跟隨者的宗教，都會使那些跟隨者變成富有的。在印度，耆那教變得非常富有；他們是最壓抑的人。關於他們的心理，有些重要的事要了解。他們的宗教說：壓抑性；BRAHMACHARYA，禁欲是他們的目標。第二件事是：不要成為暴力的；所以不允許有憤怒。不允許性和憤怒。現在能量要去哪兒？現在只剩下第三個可能——貪婪。於是所有耆那教徒都變成這個國家最貪婪的人。他們是一個小社團，非常小的社團——在這麼巨大廣闊的國家，他們不算什麼——但是他們仍然是非常強大的，因為他們有錢。你不會遇到任何耆那教的乞丐；不會有這種事發生。他們不會是窮人——他們不可能是貧窮的；他們的宗教確保他們會是富有的。性必須被壓抑，憤怒必須被壓抑。現在唯一剩下的發洩途徑——貪婪。成為貪婪的。

你知道嗎？「愛」這個英文字來自於一個梵文字根 LOBHA；意思是貪婪；貪求別人的肉體。所以一旦有人對某人而言看起來是性感的，你會在他眼中看見貪婪：他想要佔有那個人的身體。那就是為什麼每個文明只允許，當你看著某人，有一個時間限制；超過那個限制會被認為是一種冒犯。因此產生了一種微妙的默契，一個內在的合約：可以允許看三秒鐘。如果你看著一個女人三秒鐘，不會被認為有任何冒犯；只會被認為是偶然的。但是如果你看了更久，那她會生氣。如果你一直看她，她會憤怒；你的舉動是沒有教養的。你帶著想要佔有她身體的貪婪心在看她，你帶著想要剝削她身體的貪婪心在看她，你帶著想要把她身體當成工具的貪婪心在看她。當然，沒人想要被貶低成工具、物品或附屬物。

「貪婪」這個英文字來自於一個梵文字根 GRIDDHA；的意思是禿鷹。貪婪的人有一種像禿鷹一樣的品質，彷彿他想要吃掉對方。這樣的表達方式出現在很多語言，特別是法語。

我聽說：

一艘船遇難了，一個法國女人游泳到一個島上。她完全赤裸的；她全身的衣服都落在海裡。但是沙灘是美麗的，她赤裸的躺在沙灘上，作著日光浴，想著：「接下來怎麼辦？」——這裡是否有住人。似乎沒有任何人居住在這兒的跡象……

她突然聽到一個聲音；有人來了，一個非常巨大的人，幾乎像是一隻大猩猩。那島上有一個小部落。那個部落是一個食人族，因此非常小，因為食人族無法成長——他們吃自己的人。所以這個食人族的人很高興，看到一份新食物——她看起來很美味！

他走了過來，看著她說：「我想吃掉妳！」

那個法國女人說：「那你還等什麼？」

那個人感到困惑。這是第一次有人對他說：「那你還在等什麼？為了什麼？快開始！」——因為「吃掉（to eat）」在法語中的意思是：「我想要和妳做愛。」

語言給出了很多暗示。事實上，當你貪婪的看著一個女人，你其實是想要吃掉她——或者一個女人看著一個男人時……通常她們不會看，因為好幾世紀以來，她們一直被教導不能看男人；那變成了她們的美德。當某人對一個女人說：「我愛妳，」她會向下看——只是為了確認他是說真的還是在胡扯！她不相信文字，她相信身體，她相信生理狀態——身體從不說謊。

當一個人深入到靜心中，會有一個清明（clarity）。在那個清明中，這三種毒都會消失，不留下任何痕跡。然後他只會觀察到一個空（void）。

靜心的第一個經驗就是那個空，但是記住那是第一個經驗，第一個三托歷：一個人經驗到空。但是記住，這個經驗仍然在那兒；那就是為什麼還在剛開始，不是結束。你經驗到空，但是這個空的經驗變成了某個東西；不是無物。

那就是為什麼你會看到很多禪的故事⋯⋯

弟子對師父說：「我經驗到無物，」師父打了他：「再回去靜心！你錯過了！」

「但是，」他說：「我經驗到無物！那是你一直說的——經驗到無物就是整個靜心強調的。我已經經驗到了！」

但是師父仍說：「你再回去靜心——你錯過了。」因為如果無物也變成一個經驗，那就還有某些東西在那兒。你只是經驗到某個東西。你經驗到無物，但是一旦經驗到，它就變成一個客體，表示有一個分離；知者和知道。因此它是第一個三托歷。

葛玄寫下的經文是非常美麗的。他說：

……他只觀察到空。但是當他觀察這個空……

但是當他更深入到靜心中。

他了解到這個空也是空的。這個空變成了無物。

當他越深入，第二個三托歷出現了。當他更深入，他消失了，經驗者消失了。首先客體消失了，空在那兒；但是因為舊習慣，這個空變成了客體。現在經驗者也消失了。現在只有無物——沒有人可以去經驗，沒有東西要被經驗。這是第二個三托歷。

這個空消失而成為無物，他了解到在無物的狀態——什麼都沒有的狀態，在這個狀態中也是無物……

這是一個人仍會陷於一個經驗中的最後可能。你可以開始高興的說：「我經驗到無物，」那你仍陷在第一個三托歷中。你可以開始歡喜的說：「我經驗到無物，沒有經驗者。我經驗到兩者都是空的。」這會比第一個好，比第一個更深入，但是經驗者仍然以一種精微的方式被保留著。然後再更深入——現在他說：「我經驗到了沒有經驗，也沒有經驗者。」那你仍然陷在第二個三托歷中。

第三個三托歷發生了，當……

……他了解到在無物的狀態——什麼都沒有的狀態，在這個狀態中也是無物，一旦達到了最深的無物……

這是最終的無物；然後他不會再說什麼。現在如果你問他：「你經驗到什麼？」他會面露微笑。他不能說：「我經驗到無物。」這就是三摩地——第三個三托歷，最終的開花。現在什麼都沒有了，客體、主體或超越兩者的主體都沒有了。什麼都沒留下。佛陀稱之為ANATTA，沒有自己——一個完全無物的狀態，絕對的無物。因此，他能說什麼？

無論何時有人問佛陀最終的經驗，他會說：「不要問荒謬的問題，問些實際的問題。問如何達到它，不要問發生什麼了。那是無法表達的。」

老子說：真理被說出來就變成了謊言，只有沒說出來的真理才是真實的：說出來，就變成虛假的。

優婆尼沙經說：那些說「我們知道，」的人並不知道。

蘇格拉底臨終前說：「我只知道一件事，就是我什麼都不知道。」但是葛玄會說蘇格拉底這樣說是不正確的：那是第二個三托歷，因為他仍然在說：「我只知道一件事，就是我什麼都不知道。」這句話仍在那兒，知者仍在那兒。根據葛玄的看法，至少，那句話是錯的。蘇格拉底獲得了最終的三托歷，但是蘇格拉底是個希臘人，他不是中國人——他用希臘人可以了解的方式去說。他無法矛盾的說話，他的話語是邏輯的。因此他說：「我只知道一件事，就是我什麼都不知道。」

葛玄連那句話都不會說；佛陀連那句話都不會說；老子連那句話都不會說。

一旦達到了最深的無物，一個深入的和安定的寂靜就被非常真實的發現了。

現在，首次，一個安定的寂靜出現了。永恆為你打開了它的門。現在不會再回頭了。你已經超越了彼岸。你甚至超越那個超越的。

處於這個深邃的寂靜裡，慾望又怎麼能被引起？當慾望不再被引起，然後就有一個本有的和安定的寂靜。

真理在本質上是不變的。天與地的一切在本質上都是不變的。

所以無論什麼在改變，那都只是外表，印度的神秘家稱為MAYA。那只是外表。

外在改變；本質的真理保持不變。波浪改變；海洋則永遠保持不變。一旦你了解這點，你就不再處於任何痛苦中，因為你不再有任何慾望，你不再有任何夢想，一旦你經驗到這個，你就成了整體的一部分。你已經消失了；你已經成為海洋。你不再是波浪，你不再是露珠，你是海洋。

經驗到海洋的廣闊就是道的經驗。這個訣竅就在靜心中。一個人必須經過三個階段：第一個三托歷，經驗到空；然後第二個三托歷，經驗到這個空是空的；然後第三個三托歷：現在無法再説什麼了。現在一切都是靜止和寂靜的，完全的靜止和寂靜。

師父是一個達到第三個三托歷的人，一個超越那個超越的人，一個超越彼岸的人。然後他擁有了整個存在。和他協調的在一起就是和神協調的在一起，就是和道協調的在一起，就是和真理協調的在一起。和他協調的在一起就是和喜樂協調的在一起、就是和美協調的在一起、就是和祝福協調的在一起。

第四章 只是開個玩笑

第一個問題：

奧修，可以請你談談天真與無知嗎？

齊特普里姆，兩者的差別是巨大的；那個差別是如此的廣闊浩瀚。就像白天與黑夜一樣的差別，生與死的差別，有意識和無意識的差別，天堂與地獄的差別。

無知就是黑暗。它是一個完全負面的狀態；它是一個知識的狀態——知識的最低狀態，知識處在最低的狀態。但是它和博學多聞的頭腦沒有差別；它們屬於同一個類別。無知的人和博學多聞的人，他們在品質上並無差別，只有數量上的差別。那個差別只是程度上的不同：博學多聞的人知道的比較多，無知的人知道的比較少。和某個人相比，你會是博學多聞的，和另一個人相比，你會是無知的。因此那是個相對性的問題。相比之下，即使是最無知的人也可能比某個人博學多聞，或者，除了他自己的專業之外，即使最博學多聞的人也可能是無知的。就物理而言，數學家是無知的，就化學而言，物理學家是無知的，就數學而言，化學家是無知的，諸如此類。所有的專家都是在某個領域是博學多聞的，但是在別的領域裡，他們是完全無知的。

那就是為什麼每個人都知道一個非常奇怪的現象，在自身領域非常邏輯的、善辯的、理性的人，在其他領域則是非常容易被騙的。你可能會找到一個偉大的科學家，但是他是相信賽巴巴的。那看起來是不合理的，但是其實並非如此。因為在那個偉大科學家的內心深處裡，他並不知道任何宗教的事。和一般人相比，他是無知的，或者是更無知的。一般人比那個偉大的科學家知道更多宗教的事。偉大的科學家注入他全部的能量，集中在一個領域，排除其他無關的一切。

你可以很容易的欺騙一個科學家；但是卻不太容易欺騙一個農夫。農夫不是一個偉大的邏輯學家，但是他知道很多事。他不是任何特定領域的某個專家，但是他一般的知識比專家更豐富、更廣泛。很多偉大的科學家會成為各種迷信的犧牲者。

我聽過一個科學家的故事，他是一個諾貝爾獎得主。他在書房的椅子後面掛著一個馬鞍。另一個科學家來看他；他無法相信，因為無知的大眾相信在房間吊掛一個馬鞍是很好的。它會保護你；那是一種超自然力量的保護。來訪的朋友問那個科學家：「我不敢相信我看到的！你是一個諾貝爾獎得主的科學家…你仍相信這種胡扯，迷信一個馬鞍是有保護力的？」

那個諾貝爾得主笑了。他說：「不，完全不信——那都是胡扯。我從不相信這種蠢話！」

那個朋友感到困惑：「那你為什麼要在椅子後面掛著這個醜陋的馬鞍？」

科學家說：「但是那個給我的人說，無論你相不相信，它都可以保護你！」

科學的定義是，去越來越了解那個我們知之甚少的。那正是所謂的專門領域。如果你跟隨這個邏輯，那最終的科學會知道所有關於無物的事；那是邏輯上的推論。如果越來越了解那個我們知之甚少的，那麼它在何時會結束？它會在知道所有關於無物的事之後結束。

科學家是非常容易受騙的人，牧師和所謂的聖人很懂得善用這個機會。然後他們會吹噓：「看啊，這樣偉大的科學家是我的跟隨者！」事實上，科學家不是他的跟隨者，而是科學家裡面的非科學家且遠大於科學家的那部分在跟隨。在他的存在裡面只有一小部分是科學的——也許只有他存在的百分之一——百分之九十九則是愚蠢的，或者比一般人還愚蠢，因為一般人不會去越來越了解那個我們知之甚少的；他們在各方面都知道一些事情。你無法如此容易地剝削他們。

無知只是意味著你失去了知的能力。只要受一點教育，你的無知就會變成博學的。只要一點制約，一點學校教育，你的無知就能變成知識。無知和知識之間並沒有差別；它們是可互換的。

但是天真是完全不同的現象。它和知識或無知無關。它是一個完全自由的狀態——免於無知和知識的束縛。它是一個對一切感到驚奇的狀態。它是一個對一切非常敬畏的正向狀態。當你充滿了驚奇和敬畏；當你的心開始和玫瑰一起、和金盞花一起、和蓮花一起、和星星一起、和太陽一起、和月亮一起、和人們一起、和山河一起隨著每個美麗的片刻跳動著；當你可以經驗和感受到生命的奧秘；當你如此敏感、如此脆弱、如此敞開，以致於奇蹟可以穿透到你存在的核心，那你就是天真的。

博學的人不可能是天真的。因為他認為他知道，他的驚奇死去了。他所有的答案都是借來的。所有他以為他知道的，他其實並不知道，但是他已經有了各種答案，現成的答案。因為那些現成的答案不會使他驚訝，完全不會。他可以繼續處於這個美麗的存在卻感覺不到任何喜悅、任何驚奇、任何驚嘆、任何興奮、任何刺激、任何狂喜。他幾乎是死掉的。他聽不到鳥兒在早上唱歌的音樂，他聽不到風吹過松樹的聲音。他看不見樹木和綠草的生命。他看不見鳥兒在寧靜無限的天空展翅飛翔的美。他走在路上卻無法經驗到星星的壯麗。他仍然是盲目的。他不知道詩。他對生命的態度完全被他取得的知識和他累積的答案所堵住，他對每件事都有一個現成的答案。在問題發生前，答案已經在那兒了；甚至問題還沒出現前，他已經有了答案。博學的人不會聆聽問題。他不會試著深入到問題裡面。他聽到問題，然後很多答案的處理過程在他裡面進行著，他開始回答。

但是天真的人沒有答案。他在寧靜中聆聽生命。他去聽、他去看、他去嚐、他去聞、他去觸摸。他是非常活生生的。博學的人是死掉的，完全的封閉。他活在自己的墓碑裡，那就是為什麼他拖著自己過日子。他必須攜帶這樣的重擔。

天真的人跳著舞；他甚至不用走的。他是非常輕盈的。每件小事都能以神秘的存在填滿他。一隻蝴蝶和牠的色彩，一個天空中的彩虹，就足夠把他丟到深深的靜心中。他不知道任何答案，他只能看著彩虹。他沒什麼要說的，他只能看著——他的看是清澈的——他只能聽著。

在童年時候，我認識一個非常博學的人。他偶爾會來和我的家人住一起。他是一個偉大的學者。他對各種小事非常有興趣。例如他幾乎知道所有樹的名字。他曾帶我去散步，他會告訴我每棵樹的名字。我從沒遇過任何人會知道每棵樹、小灌木、小樹叢、各種植物的名字；不只名字——還有它們的歷史、它們從哪兒來的，它們原本的國家在哪兒。

但是我慢慢發現到：他從不看樹；他沒辦法。看到一朵玫瑰，他會立刻說：「這朵玫瑰來自伊朗。印度語中，玫瑰被稱為GULAB；這個字來自於波斯。那表示這朵花起源於波斯；而非印度。因為沒有任何梵文字是GULAB——明顯地，這朵花在印度的吠陀時代還不存在；它一定是在那之後才來到印度的。誰先帶它到印度的？它怎麼來到印度的？」他會不斷的繼續下去；他不會看著玫瑰花。他以為他在教我。

我告訴他：「你在摧毀我裡面某些非常美麗的東西。請停止做這些無意義的事！」

他說：「你是什麼意思？這是無意義的嗎？我用了一輩子去知道這些！」

我說：「你在浪費你的生命，因為你不讓我看任何樹、任何植物、任何花朵。如果要一直這樣，那從明天起我就不跟你出來了。你自己去，你可以對你自己說任何你想說的。我不想成為這個愚蠢對話的一部分。我很滿足的和玫瑰在一起，我不想知道它從哪兒來的。誰在乎？我對它的起源沒興趣。我對這個字沒興趣。它是不是從波斯來的有什麼差別？這朵玫瑰在享受著早晨的陽光，早晨的微風；它在跳著舞——而你卻在談論波斯、語言和文法、如何用到這個字、它何時出現在印度文獻、它何時開始出現在印度的書籍。如果你想要我陪著你，你必須完全的保持安靜⋯⋯」

而他也確實需要我陪著他，因為他不熟悉我的村子、街道、離開村子的路。而且他每天想要走走不同的地方。

我說：「如果你想要我陪著你，你必須保持安靜；如果你不想要我陪著你，那你可以保留你的知識。然後你可以做任何你想要做的事——我或者玫瑰都不在乎。」

他非常震驚。他告訴我父親：「你兒子似乎反對知識，這不是好的現象。他應該對知識有興趣。這是一個人應該學習的時候。」

我父親說：「我很久以前就知道他是一個不好相處的小孩，你帶他出去散步——會發生一些麻煩。」

他說：「他對我下了最後通牒：我必須保持安靜，否則他不會和我出去。」

我父親告訴他：「他對他說的話是認真的！你自己決定。」

他知道所有鳥兒的名字，他在炫耀他的知識。我說：「停止你所有的表現欲！」

但是他說：「無論我去哪個地方，我和人們說話，他們都讚賞我知道的很多。」

我說：「他們只是跟你一樣笨！但是我不笨。我對鳥的名字沒興趣。當然，我想要享受牠們的美。我想要看著牠們在風中朝著太陽飛翔。多麼巨大的喜悅啊！多麼自由！如果我有翅膀，我會跟隨牠們。但是我無法跟隨你——你會摧毀我。」

很難使他保持安靜，但現在他必須保持安靜，因為沒有人會帶他出去，沒有人熟悉村子的地理狀況。我熟悉全村的每個地方，因為我總是四處漫步，不去上課。我知道所有的小山丘，我會跟著河流走，能跟多遠就多遠。我去過附近所有的山。我對他而言是最好的嚮導。即使在晚上，我也知道走哪個方向，要怎麼走。但是我說：「你必須遵守諾言：你得完全保持安靜。」

兩天後，他說：「這太過分了！我有很多次想對你說些東西，因為你是無知的！」

我說：「你不要管我，讓我是我所是的。我對你而言可能是無知的；但是我不是無知的，因為我不渴望知識。如果我渴望知識，那我就是無知的。我不渴望知識；我完全不在乎知識。我完全滿足於我的天真，我要保持它的完整無缺。」

天真是驚奇、敬畏的正向狀態。沒有任何社會允許天真，因為社會需要知識，它依賴知識。我可以了解博學的人是需要的；所有技術、科學，一切都依賴他們。所以當你工作時，成為博學的人是沒問題的，但是把它留在工作上。不要二十四小時帶著它。人們一天二十四小時都攜帶著不該一直攜帶的東西。

當你是一個醫生，就當一個醫生。但是當你離開醫院，忘記所有的藥，忘記所有你知道的，忘記所有關於你的醫學博士、皇家外科醫學會員和一切。只要成為天真的，這樣你就能再次處於那個像孩子般的巨大美麗的狀態。

耶穌說：那些像小孩的人有福了，因為天國是他們的。

齊特普里姆，永遠不要把天真和無知搞混。有很多時候，它們看起來是一樣的，但它們並不是一樣的；它們永遠不會是一樣的。天真是靜心的狀態。當你是寧靜的、覺知的、敞開的、和整體接觸的、和道協調的在一起，那你就是天真的。

老子是天真的，佛陀是天真的，克理虛納是天真的，耶穌是天真的。他們不是博學的人。當然，他們所說的都是來自於他們的了解，我們已經把它變成了知識；他們所說的都是來自於他們的驚奇，我們已經把它濃縮成哲學和理論。那是我們做的；我們已經摧毀那裡面所有美麗的部分。我們給它一個特定的外形、一個特定的模式和架構。我們解讀它，評論它，從它裡面拿掉很多東西。情況總是這樣。

就在某天，我收到來自安努的一封信：沙加諾把你的書翻譯成義大利文；但是他改了很多地方。他根據自己的知識拿掉一些東西，加了一些東西。

當然他在試著做某個很好的工作，他的意圖是好的！他想讓它是更邏輯的、更理智的、更精緻的。而我是一個有點粗野的人！他想修剪一下我這裡，修剪一下我那裡。看到我的鬍子嗎！如果讓沙加諾來修剪，他會把它弄得像列寧的鬍子，但是那就不是我原本的鬍子了。他想讓它變得更吸引人。他的意圖是好的，然而就是這種好的意圖在破壞一切。

當我的訊息被傳達給他，告訴他必須將我的演講翻譯成如它所是的：「不要試著改變它。讓它是它原本所是的。未加工過的、未開發的、非邏輯的、矛盾的、互相衝突的、重覆的、無論原本是怎樣，就讓它是怎樣！」對他而言很困難。他說：「那我就不翻譯了。我寧願做清潔的工作。」

你看見頭腦怎麼運作的嗎？他並不打算聽我說的話，他寧願去做清潔的工作。不然就得讓他更改、竄改，依他自己的想法來扭曲事情。

這樣的話，無論你做了什麼都會是錯的，因為我說的話來自於不同的層面，而你打算要做的是完全不同的——將不會是屬於我自己的平面，將不會屬於我自己的面向。看起來可能是學問淵博的，但我不是一個學者。看起來可能是博學多聞的，但我不是一個博學的人。

博學的人有他們自己的方式。他們只會做些微不足道的事情……

例如，我說過薩拉哈是西藏佛教的創始人。現在，不會有學者如此肯定的這樣說。只有一個瘋子會毫不猶豫的這樣說，因為你必須給出證明，你必須做些註解，你必須給出一個巨大的附錄以證明你說的。我從不去證明，我從不做任何註解，我不會告訴你資料來源……我只知道一個來源——阿卡西紀錄！

所以為了使它更吸引人、更容易消化的，他必須稍微做點改變，不太多：「可以說薩拉哈就是西藏譚崔、西藏佛教的創始人，可以說。而這是學者的方式、合法的方式，但是完全摧毀了它的美。摧毀了全部的確定性、它的決斷性、它的鐵一般的事實。而鐵不該是容易消化的！」

沙加諾，這不是義大利麵！他是一個好的廚師，會做很棒的義大利麵。我不了解義大利麵，但是我知道薩拉哈是西藏佛教的創始人。我不會給出任何證明——我不相信證明，我就只是知道。我認識薩拉哈；我和他私交甚篤。即使歷史學家可以證明某些事，我也不去理會。我不會去關心他們，因為我認識薩拉哈。

就在有一天，我在看一篇德國新教教會的美麗報告——他們又公開了一份報告！現在，這個人似乎寫了一份關於我和我的工作的報告，他很困惑，並對我有了某種無法解釋的愛。他現在很猶豫。他無法完全反駁我——這個人似乎知道什麼——他無法說我是完全錯誤的，所以他必須找出一個中立的方式。除了耶穌的事以外，他完全同意我說的。他對耶穌的說法是：無論我說了什麼吸引人的話，那都不是來自於基督教的資料來源。

誰在乎基督教？把它們都燒毀！我對基督有興趣，我對基督教沒興趣。我直接地知道基督。當我說我直接地知道基督、佛陀或薩拉哈，我的意思是我知道那個存在的狀態。我知道基督只會這樣說，因為我處於三摩地的狀態，而其他人的談論都是不對的。這是某種內在的、不需要證明的事；它是直覺的。我說的話的肯定性從我裡面出現。無論耶穌是否這樣說，那都不是問題。當我引述耶穌：他說我引述耶穌說的話並美麗的解讀它們，但是我的解讀非常不合乎基督教的思想體系。事情一定會這樣：基督自己就不合乎基督教的思想體系——我能怎麼辦？

如果基督回來，他會認不出基督教神學家。他會完全無法了解這些爭論是為了什麼。他是一個簡單的人，他說的話是簡要的、非常直接的、立即地。而這些人卻做了很大的竄改。兩千年來，他們一直在爭論不休。

但是寫出這份報告的人——他是一個博士，神學博士。關於新教的思想體系，他是全德國最重要的專家，但是他寫出這份報告的方式：他已經愛上我了！雖然他應該是要反駁我的，然而在各方面，他卻都是支持我的。當然，為了保有他的薪水和專業，他必須做一件事，否則他會立刻被教會趕出去，於是他說一切都沒問題，除了關於耶穌的部分。而那個理由是我說的話似乎不是來自於基督教的資料來源。

但是耶穌不是來自於基督教的資料來源！當耶穌還在世的時候，並沒有任何基督教的資料。他接觸的都是奇怪的人；那些人不是基督徒。他和愛色尼派接觸；那兒都是偉大的神秘家。他環遊亞洲，印度和西藏，去熟悉東方的方法。

佛陀的能量在那時還震動著——那時是佛陀死後五百年。佛陀說過：「我的宗教在我死後還會存在五百年。」它還是非常活躍的；雖然最後的火焰已經熄滅了。但是耶穌一定還有感覺到那個溫暖。他一定接觸過佛教的神秘家。

他到過埃及尋找隱居的神秘家。那就是為什麼耶穌的生平有很多年，完全沒在基督教的資料被提到。他們談了他十二歲時的生平，接著他們就突然談論他三十歲的生平。這之間發生了什麼？在十二歲和三十歲之間是很長的一段時間，而耶穌只活到三十三歲，這段時間幾乎佔了他的一生。基督教的資料並沒有提到，但是在別處的資料卻有提到過。

在拉達克，有些二千年前的佛教經典提到過耶穌基督的來訪。而且他們描述他的事情是更準確地，因為寫的人是神秘家。

但是情況總是這樣。天真總是被博學的人解讀並摧毀——雖然他們的期望和意圖是好的，但是卻造成了很大的傷害。他們總是在這樣做。

齊特普里姆，記住，我不是叫你保持無知；我是要你擺脫無知和知識。它們和天真是不同的——同一枚硬幣的兩面。把硬幣丟掉，然後你就是天真的。

第二個問題：

奧修，野心是什麼？沒有野心的活著似乎是令人恐懼的，就好像從新開始一個新的生活。

拉提法，野心是最大的毒藥。它帶來其他的毒藥：貪婪、暴力、競爭、奮鬥、不斷的和每個人戰爭。它不讓你有任何空間去讓愛成長，然而只有愛能使你真正的存在開花。野心反對愛。任何反對愛的東西就是反對你和你真正的生命，你真正的使命。沒有任何東西會超過野心對愛造成的傷害。

野心的意思是你想要領先他人。野心依賴於在你裡面創造出來的自卑心理。它創造了一件事情是不好的狀態；它需要那樣。除非你裡面開始有了自卑的心理，除非你充滿了自卑的心理，否則野心無法運作。

所以每個小孩都必須受到這種創傷，然後他開始有了深深的自卑感：別人是比較優越的，他必須勝過他們，否則他誰也不是。每個小孩都被教導要聞名於世界。每個小孩都被告知：「你所是的並不是正確的。你必須證明你自己，你必須成為某個人物」——彷彿你誰也不是一樣！

你生來就帶有你自己特定的芬芳、帶有一個獨特性、帶有一個個體性。沒有任何跟你一樣的人——沒有人曾經跟你一樣——以後也不會有人跟你一樣。但是沒有人告訴你這件事。你被告知：「成為某個人物；彷彿你什麼也不是一樣。於是你必須成為某人，你必須去競爭才能成為某個人物。當然，爭鬥開始了，因為每個人都被告知要成為某人，每個人都被告知要成為總統或首相。現在有多少人能當總統或首相？那麼自然會產生割喉式競爭。每個人都在對抗每個人，生命成了戰爭，一個不停的戰爭。在這個狀態下，不會有和平、愛、寧靜、喜悅和慶祝的可能。一切都失去了。」

約翰藍濃，他其中一個培養創作的情境就是，獨自坐在他的房間，漫不經心的彈著吉他。當他這樣做的時候，他看到一隻甲蟲急忙的爬過地板。

「哈囉，小甲蟲，」約翰說：「我用你的名字命名我們的樂團。」

甲蟲停了下來並轉頭說：「你們的樂團叫艾力克？」

那是牠的名字。你以為只有人類是競爭性的嗎？連甲蟲也是！

拉提法，這個個體裡的競爭也在很多層面、很多面向下變成一種競爭性。社會彼此競爭，國家互相競爭。每個人都試著證明「我比你優秀」，自然地，沒有人會允許「你比我優秀」──那是傷人的。

因此會有這麼多戰爭。三千年來有五千次戰爭。如果某個星球有人來到地球，看到我們和我們的歷史，他會認為這個地球是一間瘋人院。三千年內有五千次戰爭！除了戰鬥之外，我們還做了什麼？我們百分之七十的能量都用來戰爭；我們原本可以把整個地球轉變成一個天堂，但是現在我們讓它變成一個地獄。

每件事都能競爭。

北約組織在歐洲進行演習，每個國家都有一個獨立的軍營，彼此非常靠近。

有一天，英國軍營收到來自美國軍營的一個訊息：「請送三打保險套，因為我們的庫存已經用完了。尺寸為長十二吋，厚三吋。」

這個訊息被送到指揮官那，但是指揮官不知如何處理，於是他叫來情報官：「事關名譽問題，老傢伙，」指揮官說：「必須想辦法！」

情報官在一小時後回來：「都處理好了，長官。車間用舊內胎做了些東西，網版部正在做最後的處理。」

「最後的處理是什麼？」指揮官問。

「喔，長官，」情報官說：「外包裝會印上：保險套，英國製造，尺寸——中。」

每件事都會發生這樣的愚蠢！但我們是這樣被帶大的；我們所有的教育系統倚賴這個基礎——而我們以為我們在創造智慧。如果這樣的愚蠢是我們教育系統的基礎，我們如何能從中創造出智慧？我們會摧毀掉智慧，但是我們無法從中創造出智慧。

一個有智慧的人是一個了解到完全沒有需要去競爭的人。「我是我，你是你，我不需要成為你，你不需要成為我。」一朵是玫瑰的玫瑰就是一朵玫瑰；它不需要成為一朵蓮花。蓮花不會擔心和憂慮是否能成為一朵玫瑰花。

整個自然都處於深深的和睦中，原因是競爭無法毒害它。完全不會有競爭。最巨大的黎巴嫩西洋杉不會有任何自我：「我比其他植物更巨大。」小小的玫瑰樹叢不會有任何自卑感：「我這麼渺小。」沒有誰比較優越，沒有誰比較劣等，一切都是獨特的。只有人類意識會產生這樣的愚蠢——人類意識已經受到這樣的制約。

拉提法，你問我：野心是什麼？

它是一種狂熱的狀態，它是一種瘋狂的狀態。它是不健康的。

你說：沒有野心的活著似乎是令人恐懼的⋯⋯

當然，因為你一直帶著野心活著，它已經變成你的生活方式。你已經認同它了；你不知道其他的生活方式。如果拋棄它，你似乎會死掉。

事實上，那正是一個桑雅士要做的：為了他的重生，在很多方面，他都必須一死。而且絕對必要的是：你死的時候必須是一個充滿野心的人，你死時的頭腦應該是一個充滿野心的頭腦，完全地、全然地死去。不能有任何一點野心留在你裡面，因為即使只是留下一點，它將會再次成長。它就像一個根：它會發芽，然後長出葉子，再來是葉簇。必須把它完全扔出你的存在。

是的，那感覺很困難，拉提法，非常費力，在一開始幾乎是不可能的，因為我們不知道其他生活的方式。

人們問我：「如果我們拋棄了競爭，如果我們拋棄了野心，那我們要如何成長？」但是樹木在成長、動物在成長、整個存在都在移動和成長——只有你不能沒有野心而成長……

有了野心又如何？你成長了嗎？某個錯誤的東西已經在你裡面成長；某個像癌症的東西已經在你的存在裡成長著。是的，如果你拋棄所有的野心，那個癌症就不會再成長了。將會有一個全新的過程到來：你的自然成長接管了。然後你不再和其他人競爭；在你裡面，你只是在每一個片刻進化著，而不是比較。如果你在演奏音樂，這一個片刻它會是美麗的，下一個片刻它會更美麗，因為這一個片刻，而使得下一個片刻會是更美麗的，因為這一個片刻，而誕生下一個片刻——否則它從哪兒來的？——下一個片刻，你會演奏出一個更深入的音樂，然後更深入、更深入。你不需要和其他音樂家競爭；事實上，如果你和其他的音樂家競爭，你內在的音樂將不會成長。你可能會學到更多如何打敗他們的技巧、策略和技術，如何透過正確或錯誤的方法領先他們——因為競爭性是如此盲目以致於它不會在乎什麼是對的，什麼是錯的。

競爭性相信只要能成功就是對的,只要是失敗就是錯的。對於充滿野心的頭腦,那是唯一的標準:只要能達到目的,任何手段都是對的。對一個非競爭性的頭腦而言,沒有顧慮到別人的問題;你只是繼續靠自己成長。你的根越來越深入道,深入到自然。不是因為其他樹木都已經非常深入到地底下,所以你也必須如此深入──你更深入到地底下只是因為你得到的養分,你更深入到地底下是因為你自己吸收的營養,你更深入到地底下是因為這樣你的枝幹可以長得更高。只有當根越往地底下深入,樹幹才會長得越高──但是那和別人無關;別人只是接受他們所是的。沒有人會去注意到別人。

拉提法,那確實是從新開始一個新的生活。那就是基督說的:除非你再次出生,否則你無法進入神的王國。一個重生是必需的。

一個冠軍比賽開始了,它的目的是要知道誰擁有世界上最大的陰莖。賽場擠滿了人,男同性戀者興奮的尖叫著。裁判則坐在最前排的位置。

首先一個俄國人走到了舞台上。他的陰莖是巨大的,掌聲此起彼落。裁判量了他的尺寸,然後響起了更多的掌聲。

再來是一個黑人走上舞台。他的陰莖也是巨大的,現場不斷響起喝采。

接著是一個義大利人和日本人。他們都被量了尺寸大小，並站著接受熱烈的掌聲。

當一個侏儒突然出現在舞台上，群眾的激動來到了高點。每個人都對他吹口哨，大喊要他下台。但是這個侏儒向空中舉起手，要求安靜。當一切靜了下來，他打開拉鍊掏出一個龜狀物，高聲喊著：「各位，給我一分鐘⋯⋯這還只是一隻陰蝨！」

第三個問題：

奧修，你說的「活在危險中」是什麼意思？對於未來，人不該謹慎點嗎？請解釋。

迪奧巴提，活在危險中的意思就是不要執著於過去，因為過去給予你某種保障——因為它是熟悉的，熟知的。也許它是痛苦、煩惱，但它仍是已知的，你已經在它裡面生活很長一段時間，你非常熟稔。你知道一切起伏，你已經很習慣它了。事實上，你已經適應它了；現在那裡面不再會有任何驚奇了。它給你一種舒適的、方便的、愜意的感覺。它也許是骯髒的，它也許像監獄一樣封閉，但是它仍然給了你在家的感覺，因為你已經在它裡面生活很久了。即使是監獄也會變成人們的家。

我曾去探訪過監獄，印度其中一個州的首長是我的朋友，所以他能讓我去探訪那個州的所有監獄。我常去監獄。我很驚訝的發現人們在那兒很快樂。事實上，當離他們釋放的時間越來越接近時，他們會開始擔心，因為外面的世界似乎是非常陌生的。某個人在監獄裡面住了十五年；十五年來不用擔心食物、住處，沒有任何問題。他被照顧著；現在他必須再去找工作，擔心是否會找得到工作。監獄大門之外是未知的世界。一旦他出了大門，他會被丟到未知的世界。十五年是一段很長的時間。

我問過很多囚犯：「你為什麼要一再又一再地回來？你沒有學到教訓嗎？」他們說：「事實上，我們已經學到教訓了。裡面是如此安全，外面是如此不安全——失業、貧窮、飢餓和各種問題。而且一旦你坐過牢，會有更多問題，因為沒人想雇用一個賊。人們會問：「你為什麼坐牢？」人們會問：「拿你的擔保書來、保證人擔保書。」我們從哪兒拿到保證人擔保書？十五年來我們一直在牢裡面！我們可以從獄卒那兒拿到擔保書：「這個人表現良好，沒做什麼壞事，」但那會是來自於獄卒，而那個提供反而讓人們知道我們做過牢，不想給我們工作，不會信任我們。那會需要面對一個巨大未知的外在世界，所以我們唯一能做的就是再做些壞事，然後我們就能回來坐牢。」

我們整個處罰系統是愚蠢的；完全是反心理的。任何曾坐過牢的人都會一再又一再的回來。他在這兒建立了朋友關係，他的朋友在這兒，他的房間在這兒，他的住所在這兒。即使在囚犯中也出現了某種等級：有的人是重要的，有的人不是很重要的，有的人是完全不重要的。這是一個小巧簡潔的世界。這裡還有英雄主義，人們談論著：「這個人殺了七個人，你只殺了一個，只有一個卻如此吹噓？某人已經行竊多年，而你是第一次行竊就被逮到？你是什麼樣的小偷啊？這兒有大師級的小偷；然後人們會開始向這個大師級的小偷學習，等他們出獄後，他們開始使用牢裡學到的知識……」

迪奧巴提，當我說活在危險中，我的意思是隨時準備去進入到未知的。而不是說對未來是不用謹慎的，但是你對未來所能做的就是：先擺脫過去。過去不讓你注意到未來。過去一直在機械性地重覆它自己，使你無法改善你的未來。如果你完全地拋棄過去，你的未來將會是完全不同的，你會開始成長。那是你要注意的第一件事。

第二件要注意的事就是盡可能全然地活在當下，因為是當下成就了未來。而你從不擔心當下；你只思考著未來。你不斷的思考未來。你不是思考過去就是思考未來，兩者都是愚蠢的。活在當下。那就是我說危險的生活的意思。

我看過一個故事。一定是某個像你一樣的人發明的，因為它沒有任何出處——不是基督教的出處，也不是非基督教的出處。

兩個女人在釘著耶穌的十字架下哭泣著。其中一個對另一個說：「我願意奉獻一切，只求拔出釘著他手掌的釘子！」

幾分鐘後，另一個回答：「沒錯，我也是！我願意奉獻一切，只求拔出釘著他手掌的釘子！」

耶穌低下頭看著她們，咕噥的自言自語：「該死！這兩個賤女人要我脫離十字架！」

你已經很適應你的十字架。你甚至不想離開你的十字架。即使是十字架也是愜意的，舒適的——那是你的十字架。你開始膜拜它，你開始吹噓它。

只要看看人們，聽聽他們的故事。他們吹噓著他們的痛苦。他們繼續頌揚他們的痛苦、誇大他們的痛苦，彷彿他們不滿足於他們承受的小小痛苦；他們想要更大的痛苦，他們已經變得很適應他們的十字架。

我要對你們說：把你的十字架放到一邊。耶穌說：用你自己的肩膀扛著你的十字架。我說丟掉它，為什麼要扛著它？忘了它！如果用你自己的肩膀扛著你的十字架，你要如何跳舞？難怪基督徒說耶穌從沒有笑過。當你用自己的肩膀扛著你的十字架時，你怎麼笑得出來？你只能哭泣，你無法笑。

當我說危險的活著，我的意思是不要去適應那個已經死掉的，因為如果你適應了那個死掉的，你也會是死掉的。保持活生生的、不斷移動的、不斷成長的、開著花的、在每一個片刻中進入到那個未知的，去面對那個未知的，無論你會遇到什麼。沒有別種成長的方式，即使有時候那會是痛苦的——有時候會是痛苦的、有時候會是難受的、非常難受——但是透過這個痛苦將會產生出偌大的狂喜。那是我們為了狂喜所必須付出的代價。

第四個問題：

奧修，昨天講道之後，有些人來找我，問我是否可以參加聚會，說些笑話。我必須拒絕，因為我只能對一個人開玩笑，我不能和一群人開玩笑。該怎麼辦呢？

普里姆吉特，你為「玩笑」這個字增加了一個美麗的用處；這讓我想到一個笑話。

有個年輕人和他女友開車兜風，他們在一條偏僻的道路上行駛，其中一個輪胎被刺破了。於是他們把車子頂起來、頂起來、再頂起來——然後他們換了輪胎。

你使用「笑話」的方式就跟「他們把車子頂起來、頂起來、再頂起來」的方式一樣⋯他們是在車子裡面做的！為老舊的字找到一個新的意義是很好的，但是你似乎有點老派。

如果你只對一個人開玩笑，你能開多久的玩笑？你將會無聊。然後也想一下對方：他或她也會無聊。和周圍的人開點玩笑不是件壞事！那使水能繼續流動。開玩笑不是單方面的事。你對某個人開玩笑，或某個人對你開玩笑；你不能自己一個人開玩笑。還是你認為你可以？——你只是躺下來然後「我要自己一個人開玩笑。」你看起來會很蠢。也對別人開點玩笑。所以聽聽別人說的老笑話⋯和周圍的人開玩笑會比較好，這樣你就能學到新的笑話！然後去對別人開新的玩笑，她會很興奮！她會在某個地方説這個笑話，接著她會帶來新的笑話。還有記住，每個人都有自己開玩笑的方式。

不要這麼老派——我的社區不允許！

接近復活節的時候，聽到人們在談論復活節彩蛋，使得公雞感到好奇。復活節當天，牠走進房子看看那些出名的蛋。牠很震驚，牠看到藍色的蛋、黃色的蛋、綠色的蛋和紅色的蛋。

不加思索地，牠走出房子外面痛打了孔雀一頓！

現在，不要當這種老派的公雞！有各式各樣的蛋是好事，單一顏色的、多色的。然後生命就會更像一道彩虹。否則生命會變得令人厭倦、遲鈍。

對一個人開玩笑會是單調的——人們稱為「一夫一妻制」。然後慢慢的，他們會停止開玩笑，因為有什麼必要？——同樣的笑話一再又一再地……而且女人是非常敏感的；你想對她們開玩笑的時候，她們會説她們頭痛，或者小孩正在長牙，她們已經累了一整天，或者廚師不在，或者僕人還沒來，或者家裡一整天都沒電。有一千零一個問題。簡單地說，女人的意思是：「拜託，不要再開玩笑。已經夠多玩笑了！」她認識你，你會說同樣的笑話。

有個陌生人走進當地的一家酒吧。酒保歡迎他並說：「先生，來杯啤酒？還是威士忌？你是我的第一個客人——本店招待。」

「不，謝謝，」陌生人說：「我不喝酒。我試過一次，那使我頭暈目眩。」

「那麼，我確定你會喜歡我最好的雪茄，」興高采烈的酒保說，給了他一隻雪茄。

「不，謝謝，我不抽菸。我試過一次，那使我想吐。」

酒保仍然微笑著，繼續說：「喔，這樣吧，我們來玩牌！」

「不，謝謝，我不玩牌。我試過一次，我的錢都沒了，」陌生人回答。

此時，一個年輕人走進酒吧坐在陌生人旁邊。陌生人看著酒保說：「為你介紹，這是我的小孩。」

「哈囉，」酒保說：「我想你是他唯一的小孩，對吧？」

跟上時代點，普里姆吉特。你現在活在至少二千年之後了。不要認為這將是你認知的天堂——天堂也完全的改變了；它完全是現代化的。你在那兒會看起來像個笨蛋，你看起來會是過氣的。你將會是不相稱的。如果你和我的社區不相稱，而我的社區是地球上唯一代表性的天堂…這兒只是進入天堂之前所做的預演！

四個女人到了天堂；其中三個是英國人，一個是義大利人。聖彼得問第一個人：「妳一直是誠實的女人嗎？」

「噢，是的，先生，」她回答：「我這輩子都很誠實。」

於是聖彼得對一個天使說：「把這個女人帶到粉紅色的房間！」

另外兩個女人也遇到一樣的情況：她們都被帶到粉紅色的房間。

然後聖彼得問義大利女人：「妳呢，妳一直是誠實的嗎？」

「我從未傷害過任何人，彼得！」她回答：「我可以說我是誠實的。我喜歡做愛，我喜歡做愛勝過一切！」

聖彼得對天使說：「把她帶到我的房間！」

第五章
這一瞬間就是一切

第一個問題：

奧修，有很多次我想要對你說謝謝，但是不知道為什麼，寧靜所傳達的更勝於文字。

切塔那，生命中真正重要的事不可能透過文字表達；只有寧靜可以用來交流。文字是實用性的，它們屬於世俗；因此，當你真的想要說出心裡的東西，你總會發現它是無法說出的。愛是無法表達的，感激是無法被說出來的；祈禱一定是你裡面一種深深的寧靜。這有著基本的重要性，需要去了解，因為我們是被文字所帶大的，我們的想法是彷佛每件事都可以用說的——然後我們試著說出來。隨著說出那些不能被說的，我們扭曲了它們。

老子說：道是不能被說的；你說出它的那一片刻起，你就已經扭曲它了。真理是不能被傳達的，沒有文字是適合的，沒有文字可以包含它。它如此地巨大，比天空還巨大，而文字是如此渺小。它們適合用在日常生活中，有實用性的。當你開始移向非實用性，你會開始移向超出文字之外的範圍。那就是真正的宗教：超越文字，超越屬於文字的俗世。

頭腦由文字組成；心只由寧靜組成，深深的寧靜，處女般的寧靜，完整的寧靜。從沒有任何東西在那兒攪動著，從沒有任何東西在你存在的中心裡攪動著。

切塔那，你因為你裡面出現的那個似乎和文字無關的東西，而感到你是受祝福的。這就是祈禱。人們在教堂或寺廟所做的祈禱並不是祈禱；那只是在表達他們的慾望。除非他們停止這種愚蠢的祈禱，否則他們永遠不會經驗到祈禱裡真正的甘露。他們仍將無法覺知到那個超越的。

文字可以是基督教的、印度教的、回教的、佛教的；寧靜就只是寧靜。你不能說寧靜是基督教的、印度教的或回教的。它是無法定義的。沒有任何形容詞可以用來形容它。

寧靜是宗教性的。你所謂的宗教只不過是要神滿足你的慾望。那不是對於已經給予你的東西所做的感謝；它其實是個抱怨。它是抱怨：為什麼不給你更多？慾望的意思是抱怨，慾望的意思就是渴求更多——現有的是不夠的，祢對我是不公平的，這是不公正的；其他人擁有的比我更多。祈禱真正的意思是感謝、感激，但是沒有任何方式可以說出來。沒有需要說出來。

本世紀其中一個最偉大的哲學家，維特根斯坦，他說那個不能被說的就不該被說出來，因為說出來是在褻瀆它。說出來是在對它施加暴力。說出來是在破壞它。維特根斯坦不只是一個哲學家，他剛好站在哲學正在消失而神祕主義正在開始的界線上。因此，他是本世紀其中一個被誤解最深的哲學家——其中一個最淵博也是被誤解最深的人。那是真正深入他們經驗的人的命運。現在，他所說的已經超越了哲學，它觸碰到宗教性的某個東西。

你說：有很多次我想要對你說謝謝……

不需要說出來，切塔那。無論什麼出現在你裡面，它就已經被聽到了。說出它，你會摧毀它的美。讓它保持是心對心的交流。不需要讓它是從一個頭部到另一個頭部的傳達。傳達介於兩個頭部之間；交流介於兩顆心之間。交流是愛；傳達則是關於愛的。記住，談論神和神是完全無關的。談論火並不是火。火不需要被談論；它必須被看見，經驗到。謝謝你、感謝、感激、愛——這些都屬於你存在中完全不同的層面。它們和頭部無關，它們完全是和心相關的。然後還有比心更深的一層。

有三個層面。第一個，最表面的，就是頭部。第二個，比頭部更深的，但不是你裡面最深的，是心。你想要說話，但是你同時又感覺到那是無法說出來的。第三個，是你存在的層面。你甚至不會有想說出來的感覺；你變成了它。你的存在變成了一個感謝。沒有說或不說的問題。你感覺想說但是又不能說——那也被遠遠的留在後面了。你就是感謝，現在不需要說什麼了。

當玫瑰樹叢開滿了玫瑰花，它不需要對世界說，不需要對世界宣稱：「我是美麗的。」它就是美麗的。

人們生活在頭部的層面。第一個跳躍是從頭部跳到心。那是偉大的一跳；是偉大朝聖的開始。那會將你準備好，以便做第二個跳躍，也是最後的跳躍——從心跳到存在。心介於兩者之間。那就是為什麼你會感覺到想要說卻又無法說。想要說出它的慾望來自於心的頭部的部分，無法說出它則是來自於心的存在部分。心是兩者間的橋樑：一半屬於頭部，一半屬於存在。因此會進退兩難，因此有了分裂。從這兒移向存在，然後就不會再進退兩難，你變成了感謝。你因為感激而開花。它充滿著你全身上下：在你的雙眼中，在你的臉上，在你的行進中——即使只是你的呼吸，它就在那兒；在那個心跳中，它就在那兒。現在不會有想說的慾望，也不會有無法說出來的感覺了。

尋找神的旅程只有兩個步驟。整個旅程只有兩步就結束了。你已經走了第一步，現在去走那第二步。

第二個問題：

奧修，這麼多愚笨和瘋狂的宗教都曾經起源於一個非凡的成道者。請告訴我，你的桑雅士是否會變得和其他宗教一樣愚笨和瘋狂？我害怕又落入到另一個制度中。

凡尼爾，這是一個重要的問題。裡面有很多暗示。每個暗示都必須深入考慮。

首先，你曾愛過女人嗎？你曾和女人談過戀愛嗎？如果你曾和女人談過戀愛，在戀愛前，你是否會想到每個女人總有一天會死掉？以前所愛過的女人都會死；這個女人也會死。那你為什麼要愛上一個將會死掉的女人？你會因此阻止自己這樣做嗎？你會因此停止讓自己這樣做嗎？事實上，你有想過你有一天會死掉嗎？那何必活著？既然必有一死，活著的意義在哪兒？現在就去死。何必繼續活在一具屍體裡？因為這個肉體有一天會變成一具屍體。它遲早都會被燒成骨灰，所以何必照顧它？何必早上照鏡子？何必清理它？何必餵食它？你為什麼要伺候一具屍體？但是你沒問過這些問題。事實上，這些問題會使你不舒服。

和一個女人做愛等於是在和一個未來的屍體做愛。即便只是這個想法也會讓你猶豫是否要做愛。但是在成為桑雅士之前，所有這些偉大的哲學問題都在你裡面出現過。如果它們是真實的，它們仍會從別的地方出現；它們會出現在各個地方。

沒有錯，每個宗教遲早都會死去——那是事物的本質。那是道的方式，裡面沒有任何錯。當你的妻子死了，並不是因為當她活著時，你對她的愛有任何錯而造成的；當她活著的時候，愛她是完全正確的。現在，不繼續在家裡保留她的屍體是完全正確的，否則它會發臭。那會使你無法生活，那會使你無法⋯甚至會使你的鄰居無法生活。現在不可能再愛這個女人了。當她活著的時候，和她做愛是很好的，但是現在你不用再關心過去了。過去已經結束了，現在那具屍體裡面已經沒有人了，靈魂已經離開了。最好是燒了它或埋了它，而且越快越好。你並不是在背叛她。那是完全正確的。就如同我們接受生命一樣，我們也應該接受死亡。一切萬物，有生必有死。

關於人的方面，我們可以接受這個事實，但是關於宗教，我們無法接受——那是我們犯錯的地方。當耶穌還在行走時、還活著時，宗教圍繞著他就如同葉簇圍繞著樹木一樣——綠葉、花朵和果實——因為樹木有根。耶穌則根植於神，因此樹是活生生的。享受著樹木的芬芳。天氣熱的時候，躺在它的樹蔭下。吃著它多汁的果實。不要擔心有一天這棵樹會死掉，不再會有綠葉，不再有花朵，春天不再對它有任何意義——不要擔心！那是自然的。

但是關於宗教，我們所做的剛好相反：耶穌消失了，但是屍體——他說過的話，那些形式還繼續活著。克理虛納消失了，那個跳著舞的人不在那兒了；吹著笛子的人已經不在那兒了，但是我們繼續膜拜那隻笛子。沒人知道如何吹它，沒人知道要用那隻笛子做什麼；因為要吹這隻笛子，你必須變成像笛子一樣是空的，這樣神才能透過你流動。這隻笛子曾為這個世界獻上美麗的歌曲，因為克理虛納只是一個媒介。他已經跟自我一起消失了，他現在是完全供神隨時可用的，他沒有自己的意志。神透過他而流動。那是神的歌曲。

克理虛納說的話被稱為薄伽梵歌。字面上的意思是神之歌。克理虛納只是一個唱者；歌是屬於神的。他只是一個媒介。但是當克理虛納死了，你繼續膜拜那些死掉的話語。它們是死的！透過克理虛納的唇說出來，它們是活的，它們是非常活生生的，非常活躍的。它們觸動了數千人的心。他跳的舞，舞動了數千人的心，那些加入那支舞的人有福了。

但是，凡尼爾，如果你曾經在那兒，你會站在一邊想：「加入一起跳舞的意義在哪兒？遲早這個人會死掉，這隻舞會死掉。遲早只會剩下一個愚蠢的制度，一個瘋狂的思想體系，一個虛幻的宗教。為什麼要加入它？」

你是錯的。事實上，當一個耶穌、佛陀、克理虛納、查拉圖斯特拉還在的時候，我們必須學習如何活出宗教。當查拉圖斯特拉死了，我們也要學習如何燒毀那具宗教的屍體，如何埋葬掉那具死屍——當然，帶著慶祝；當然，帶著感激。人還沒學到那些。

好幾世紀來，人繼續攜帶著死掉的屍體，那就是為什麼宗教發臭的原因。只有當一個成道者活著的時候，才會有些東西開始在他周圍發生。但是當師父離去了，一切也跟著離去了——樹死了。然後會有兩種笨蛋。第一種笨蛋是當那隻舞發生的時候不去加入的人。第二種笨蛋是繼續攜帶那具死屍好幾世紀的人。在那個過去的負擔下，他自己變成死掉的。而那具死屍繼續累積重量，因為幾世紀過去了，它累積了很多灰塵，很多思想體系；越來越多書和註解被加到裡面。

現在薄伽梵歌有一千種註解——這些都是非常著名的註解；我還沒算那些不是很著名的註解——只有算那些非常著名的註解，一千種註解。現在死去的文字繼續在它周圍累積垃圾，它變得越來越重。它在殺害人們。

在印度經典中有一個美麗的故事。濕婆，其中一個印度神：祂是印度的三位一體；就像基督教的三位一體一樣，印度教也有三位一體，而印度教的三位一體是更精微的，比基督教的三位一體更重要的。基督教的三位一體由聖父、聖子和聖靈組成。而且沒人確實知道聖靈是誰，男人或女人，同性戀或異性戀——或者也許是雙性戀。因為如果聖父在那兒，聖子在那兒，那聖母在哪兒？這看起來很幼稚。

但是印度教的三位一體是更精微的。印度教的三位一體由神的三相組成。神只有一個，但是祂有三種形相，因此印度教的三位一體被稱為Trimurti——神的三相。第一個是梵天，創造者；第二個是毗濕奴，維持者；第三個是濕婆，摧毀者。這是存在的三種形態：萬物被創造，維持了一陣子，然後被摧毀。一切創造、維持和摧毀的過程都是神；這是神的三相。

摧毀並沒有錯。摧毀跟隨著創造，那是必須的，就如同白天跟隨黑夜，黑夜跟隨白天。除了印度教之外，世界上沒有任何宗教有這樣的概念，認為整個存在有一天將會消失。印度教有這樣的概念，世界在某一天被創造出來，然後也會和被創造出來的萬物在某一天消失。所以創造和崩壞：遲早整個宇宙會崩壞而回歸到無物。就如同小孩出生，有一天他也會死掉，一切被創造出來的萬物有一天也會消失。

現在，物理學家會比較同意印度教的想法而非基督教的三位一體。他們發現了黑洞，黑洞只不過是東西消失進入無物的可能。現在他們還發現了白洞——黑洞的另一面——東西從那兒出現。

濕婆是摧毀之神，死亡之神，但是即使是死亡之神也是被創造出來的，這都是人類的頭腦所投射出來的，而人的頭腦終究是人的頭腦。你可以創造美麗的哲學，但是你裡面的某些東西一定會投射在它上面。

濕婆的妻子，帕爾瓦蒂，死了。現在祂是摧毀之神，死亡之神，但是祂卻無法接受帕爾瓦蒂的死。你看到人的成分嗎？祂帶著妻子的屍體，連續十二年扛在肩上，找遍全國醫生。可能是某個人——誰知道？——一個可以使她復活的魔術師、醫生或一個奇蹟般的人。祂如此愛她……

現在，你不可能扛著一具屍體十二年。身體會腐爛，它會一塊塊的開始掉落。有時候手掉下來，有時候腳掉下來——那就是印度神聖的祭壇如何誕生的。無論何時，有一部分帕爾瓦蒂的屍體掉下來，就會有一個神聖的祭壇誕生。所以印度有十二個最神聖的祭壇。那些祭壇只是帕爾瓦蒂的墓地。除非全部的屍體消失……濕婆帶著她，尋找某個可以使她復活的人。

人不想要相信死亡，因此他創造出各種關於奇蹟的故事。當佛陀死了，他的宗教也死了；那一定會這樣。他是那個宗教的靈魂。現在你可以繼續那個儀式。隨時記住，就宗教而言，人才是重要的，不是方法——永遠不會是方法，而是人。

在科學裡則是完全不同的：方法才是重要的，不是人。愛迪生會死，那沒關係，但是他找到的方法會繼續被運用。他們仍在運用。愛因斯坦死了，但是他的方法會被運用；只要還沒找到更好的方法，他的方法仍然會是有效的。沒有他的方法，就不可能找到更好的方法。

但是在宗教裡是完全不同的；剛好相反。人才是重要的，不是方法。當佛陀還活著，他的方法還是活生生的。是因為他的觸碰；這個人的魔術，他黃金般的觸碰。是他的存在使方法運作；但是如果他不在了，你可以持續幾百年攜帶著那個方法——不會有任何事發生。然後你會非常困惑，你自然會找到很多藉口解釋為什麼方法不會有用；因此有了業的概念。如果某個方法沒有用，你必須找到一些為什麼它沒有用的解釋。它沒有用是因為你前世的業，因為你在前世做了某些錯事——那就是為什麼它沒有用的原因。全都是胡扯。方法沒有用是因為人不在那兒，要讓方法運作，他的存在是必須的。

這些宗教的方法只有在師父活著時才會運作。然後任何事都有可能。和派坦加利在一起，用頭倒立可以使你成道。沒有派坦加利，即使你一輩子都用頭倒立，也不會成道。事實上，如果你以前成道過，你會變成沒有成道！和魯米在一起，旋轉是有用的。是因為他的存在，是因為他的能量場。你進入他的能量場的那一片刻起，你就已經進入了一個磁性的世界。

你也可以在生活上很多方面看到。去看一個名醫，即使是水也會對你是有藥效的——只是那個人的存在，是對那個人的信任在運作，奇蹟是可以產生的。但如果是其他人，就不會發生同樣的情況。某個人可能會準確地模仿他，但是模仿者不會產生任何作用。

我們必須學到一件事：不要將宗教制度化。當師父離去，讓宗教也跟著離去。真正的宗教人士總會找到活著的師父。沒錯，一定會發生。例如，佛陀說過：「我的宗教會存在五百年。」他為什麼這麼說？他這樣說是因為他創造了幾個活著的師父，他能算好要創造出幾個活的師父，將能創造出幾個活著的師父。那不用非常精確，只要一點猜測。他可以說：「我可以看出至少還有五百年，那個燈火還會延續，在那之後剩下的只會是儀式。」

現在佛教徒沒聽進去。他們不聽師父的。佛陀自己說：「五百年後剩下的只有儀式。五百年內是可能的。我創造了在我死後還會活著的幾個師父，他們會對我的方法做一個魔術般的觸碰。他們還會創造活著的師父等等——但是不超過五百年。然後慢慢的，活著的師父會慢慢的消失。」

但是佛教仍然存在著。那五百年老早就過去了。二千年來，佛教一直是形式上的：你可以繼續膜拜；你可以重覆同樣的儀式、咒語、祈禱、靜心，不會有任何事發生。自然地，你會發現原因在你裡面的某個地方——佛陀不可能是錯的。佛陀怎麼會是錯的？他沒有錯；是你的錯，但並不是你這一世的錯，而是因為你在前世做了一些錯事。你的錯是因為你仍然攜帶著某個死掉的東西。

教皇死後上了天堂。在大門口，聖彼得問他：「你是誰？」

「我是教皇。」

「從沒聽過，」聖彼得說完後把門鎖起來。

「但我是教皇，」教皇大喊：「你不認識我嗎？問問上帝就知道。祂很清楚我是誰。」

聖彼得去見了上帝：「天父，這兒有個傢伙想要進來；他說他是教皇。」

「教皇？教皇？啊，沒錯，我想起來了。把我兒子耶穌叫來。」

聖彼得去找了耶穌，當耶穌過來後，上帝問他：「嘿，耶穌，你記得我們在羅馬開的那間俱樂部嗎？——沒錯，那間我們在耶路撒冷談到過的俱樂部。你知道吧？它還存在！它的老闆現在就在大門外。」

所有宗教只剩下制度，如果你適合那些宗教，那麼你有些地方錯了。沒有活人會適合一個死掉的儀式。

補給兵給了新兵兩件褲子，那個新兵穿上了它們。它們很合身。然後補給兵給了他一件襯衫和帽子。它們也很合身。

「我們有個問題，」補給兵最後說：「你一定是畸形。」

否則，有誰聽說過軍隊的衣物會剛好合身的？除非某人真的是畸形，否則那是不可能的。軍隊的衣物是根據平均尺寸做出來的，而平均尺寸的人並不存在。平均尺寸的人只是一個數學上的計算。你遇過任何平均尺寸的人嗎？每個人都是獨特的。

第一個發現平均論的人是希羅多德。而自然地，當某人發現到某個新的東西，他會對它非常入迷。他非常著迷於他的理論——他是第一個發現平均論的人——有一天他和妻子和六個小孩，一家人去野餐，妻子說：「我們必須過河。你抱一個孩子，帶他到對岸後再回來。」

他說：「不用擔心。我會找出孩子們的平均高度和河流的平均深度。」妻子不知道…那個理論還很新。他站在河岸上計算，走來走去，測量河流不同地方的深度，他量了每個小孩的高度，然後他說：「不用擔心。平均值是完全正確的。沒有任何孩子會溺水。」

他很有信心，他走在前面，孩子跟著他，然後妻子跟在後面。接著小孩開始淹水，妻子說：「看！孩子淹水了！你的平均論發生什麼問題了？」

希羅多德並沒有試著去救小孩，反而跑到岸邊。他說：「我一定是計算錯了；理論是沒有問題的。」

現在河流的某個地方是比較深的，某個地方是比較不深的，某個地方是非常淺的。某個小孩是比較高的，另一個是比較矮的，最後一個是非常矮的。不會有平均的小孩，不會有平均的高度；河也不會有平均的深度。河和小孩不會知道平均論！但這個人是瘋狂的——對他的平均論非常狂熱。

軍隊的衣服是為了平均尺寸的人設計的，事實上不存在這樣的人。很難找到穿起軍隊衣服會完全合身的人。補給兵這樣說是正確的：「我們有個問題。你一定是畸形。」他這輩子從沒遇到過這樣的人。褲子是合身的，襯衫是合身的——連帽子也是合身的。一切都很適合他，彷佛是為他設計的。

在這些死的儀式中，你稱之為宗教——基督教、印度教、耆那教、猶太教——只有死人是適合它們的、只有畸形的人是適合它們的、只有神經病人是適合它們的。這些人是完全不適合耶穌、佛陀、穆罕默德和摩西的，不可能。只有一種完全不一樣的人會適合耶穌、佛陀和摩西——活人。你必須了解。

和佛陀在一起，只有當你是非常活生生的、勇敢的，非常有智慧的、叛逆的，你才可能落入到一個同步性裡。但是和佛教在一起，當佛陀涅槃了，各種笨蛋都能適合佛教，各種死人都能適合佛教。

真的很奇怪：同樣會處死耶穌的人現在卻是基督徒，同樣會折磨穆罕默德一輩子的人現在卻是回教徒。他們不是不同的人。你能從哪兒找到不一樣的人？這些基督徒從哪兒來的？當初只有很少的幾個人和耶穌在一起，可以用手指算出來。人類怎麼了？當這個人還活著時，當你可以用你的雙眼看著他時，用你的心感受他時，你卻轉身背向他，你殺了他；當他不在這兒了，你卻膜拜他。現在幾乎有一半的人類是基督徒。

耶穌一定會納悶發生什麼事了。

我聽過一個故事：

在杜斯妥也夫斯基的卡拉馬佐夫兄弟裡發生了一件事。耶穌非常關切——自然地——有一半人類都變成了基督徒。他開始想：「我之前太早到了地球⋯現在是時候了！如果我晚一點到，只要晚一千八百年，我就不會被處死了。人們會膜拜我。他們在膜拜我的十字架、他們在膜拜我的雕像、他們在世界各地的教堂裡膜拜我。數百萬基督徒，數千個牧師，修士，修女，都在祈禱——現在是適合我的時候了。我之前太早到了。那不是正確的時機。」

於是他回來了。他完全的甦醒了。他在一個周日早上出現⋯他當然會選擇周日，因為其他時候，人們都在忙別的事情。到了周日，他們都是基督徒——那是一個周日的宗教；至少有一小時，人們都在假裝是一個基督徒。

他出現在伯利恆的教堂前。人們趕來教堂，他想：「這是正確的時機。他們馬上會認出我！」

當然，他們圍繞著他，開始大笑，他們說：「你弄得很好。你做得很像。」

他問：「你是什麼意思？」

他們說：「你似乎是一個很好的演員。你做得非常好，你化的妝讓你看起來很像耶穌。」

耶穌說：「你們這群笨蛋！我就是耶穌，我不是在演戲。」

他們說：「別耍我們。如果你聽我們的話，在大主教來之前趕快逃走；否則你會有麻煩。盡你可能，趕快逃走。」

耶穌無法相信這些就是跪下來對他祈禱並稱他主的人，現在他站在他們面前，他們卻認不出他。他們以為他是個演員或試著想耍他們的人。他說：「也許這些是沒受教育的人，但是我的大主教——他是一個偉大的神學家，他一定會認出我！」

然後大主教來了，每個人都因為對大主教的敬意而跪下。耶穌很困惑。沒有人尊敬他並向他跪下，而他的僕人卻像神一樣的被膜拜。

他們說：「看看這個人。假裝成耶穌基督是非常不對的。這是反宗教的。他應該被懲罰！」

大主教用嚴厲的眼神看著他，他說：「年輕人，跟我來。進來教堂裡面。」

耶穌無法相信他看到的。他進去了，門被關上，他被鎖在小房間裡。待在那兒一整天，他感到納悶：「現在會發生什麼事？我會再次被處以十字架刑嗎？我以為那次是因為他們不是基督徒，他們是猶太人；但是現在這些人都是基督徒，行為卻仍然一樣。」

到了午夜，大主教拿著一根蠟燭，打開了門，跪在耶穌的腳下說：「主啊，我立刻就認出祢了。但是我不能在別人面前認出祢。祢是一個過去的妨礙，祢會再次創造出混亂。我們現在已經把一切處理得很好。祢不再被需要了。我們照著祢想要的做了每件事。祢繼續待在天堂就好，我們在這兒代表祢就夠了——不需要祢了。現在已經不再是祢的工作了。我們已經接管了工作。如果祢仍堅持，那我很抱歉，我們必須再對祢處以十字架刑。」

「所以祢最好逃走，因為到了早上就會有麻煩。我只是來通知祢。我認出祢了，我不想再對祢處以十字架刑；但是我不能在群眾面前認出祢。祢現在離開，不要再回來了；雖然祢承諾過要回來，但是請不要再回來了。我們要拿祢怎麼辦？我們是祢的代表，我們在做祢的工作。祢會創造出混亂和騷動。那就是祢上次在這兒所造成的，祢會再次造成麻煩。祢會影響到我們的專業、我們的工作。」

這只是一個杜斯妥也夫斯基創造的虛構故事，但是卻有很大的重要性。沒錯，同樣的情況會發生在佛陀、查拉圖斯特拉、克理虛納、穆罕默德和其他人身上。

凡尼爾，你說：這麼多愚笨和瘋狂的宗教都曾經起源於一個非凡的成道者。

沒錯，那是真的，它們總是起源於一個非凡的人，一個成道的人。但是當成道者死了，那個奇蹟也消失了。然後只剩下一具死的屍體、骨骸。

你必須不再被任何舊宗教圍繞著。當我死了，當和我在一起而成道的人也死了，然後它就沒有任何用處了。燒掉它，埋掉它，但是現在，不要擔心未來。那是你的小孩可能會做的工作，或者是小孩的小孩。現在你可以飲用這些活水。現在你可以被轉變。

你說：請告訴我，你的桑雅士是否會變得和其他宗教一樣愚笨和瘋狂？

沒有人會是例外。生命根據一個基本的法則而存續，它跟隨著道：沒有事是例外的。

所以同樣的情況遲早會發生在我的桑雅士身上。但是在那個情況發生前，凡尼爾，跳吧。因為那在某一天一定會發生，你不需因為這樣而阻止自己跳向內在轉變的漩渦中。

你說：我害怕又落入到另一個制度中。

你已經是某個制度的一部分了——基督教、猶太教、回教、共產主義、有神論、無神論——某種哲學、某種宗教、某種思想體系。不可能找到一個沒有任何思想體系、宗教或哲學的人。你一定已經是某個愚蠢制度的一部分了。成為一個桑雅士會讓你擺脫那個愚蠢的制度。

它還不是一個制度。在它變成一個制度前，不要錯過機會。遲早它會變成制度，所以我要我的桑雅士覺知到，無論何時它變成了一個制度…它只有在所有燈火都熄掉後才會變成一個制度。它不會隨著我的離去而熄滅；我會留下幾根蠟燭繼續燃燒著。然後他們會再創造出幾根蠟燭。

如果佛陀可以創造出一個持續五百年不會變成一個制度的宗教，而我擁有更多的經驗。佛陀在二千五百年前出生，二千五百年過去了。從那之後誕生了很多宗教。基督教出現了、回教出現了、錫克教出現了、很多小宗教也出現了。我全都經驗過。藉著這些經驗，我可以很容易的預測出來，我的人至少在一千年內還會是活生生的。但是當它變成一個制度，馬上毫不猶豫的燒了它。向它道別。

但是在那之前，不要替你的懦弱找藉口。不要當一個懦夫。懦夫總是會找到偉大的藉口。

兩個朋友在聊天：

「你女朋友，哇！我每天都看到她和不同的男人在一起。」

「那不是真的。來球場這兒，我會證明給你看。」

於是這兩個人去了球場，看到那個女孩被另一個男人抱著。

「那麼，」其中一個人說：「你不過去打那傢伙一頓，讓她看看你的男子氣概嗎？」

「等一下，」另一個人說：「她晚點可能會和一個比較瘦的人在一起。」

一個墨西哥小酒館裡面擠滿了喝著龍舌蘭酒、吃著鱷梨沙拉的墨西哥人，然後有一個大塊頭用拳頭捶了櫃臺並大喊：「有任何勇敢的人想和另一個勇敢的人決鬥嗎？」

一開始，安靜了一陣子，然後在後面來了一個大塊頭大喊：「好，我來！」

於是第一個傢伙繼續說：「很好，我們已經有一個了，現在還有另一個勇敢的人想要和這個勇敢的人決鬥嗎？」

請試著了解我。不要用藉口偽裝你自己，不要試著把你的解釋加到我的話裡面，那不是來自於我的。

從外面來看，這個地方可能看起來像是一個組織；那是完全需要的。但是它事實上完全不是一個組織。要知道它到底是什麼，唯一的方式就是成為它的一部分。從外面來看，它必須是一個組織，否則它無法運作。

我完全不是一個老派的人；我屬於二十世紀的。我完全是一個現代人。我的工作方式不像耶穌——和一些門徒從某個地方旅行到另一個地方，待在樹下，在市集對人們說話。我已經學到一些發生在耶穌身上的教訓。不論哪一方面，我都對當一個烈士沒興趣，我完全不是一個自殺客。我不是說耶穌是自殺客；他只是沒覺察到。他無法覺察到，因為以前沒發生過一樣的事。在耶穌之前，整個猶太人的歷史都沒發生過這種事，原因是在整個猶太教的歷史中，從沒有出現過像耶穌一樣的人。他是猶太人的天才和知識份子中智慧最高的人。他無法想到他會被處以十字架刑，而且在三年內，關於他的一切都結束了。

從外在來看，我的運作方式和耶穌不同，我有我自已的工作方式。我已經從耶穌、蘇格拉底、曼蘇爾和其他人身上學到一些教訓，我不想再重蹈覆轍。我所有的努力在於創造盡可能多的成道者，為此，我必須再留在這兒久一點。所以從外在來看，你會發現它完全是一個組織；但是它不是——完全不是。那是表面，那使我們離開愚蠢的人。它使我們和群眾保持分離，這樣我們就能全心全意地和那些真的想要轉變的人一起運作和工作。

所以不要誤解。任何從外在看待我工作的人一定會誤解。你只能從裡面經驗到它，然後你就會驚訝，它是完全不同的現象。我完全沒興趣去創造任何組織；我反對所有組織。我從沒去過這個社區的辦公室，從沒有過，即使只是去看看——我也永遠不會去。我也沒看過整個社區。我不知道誰住在社區，我不知道誰住在哪兒。我只知道我的房間和我房間到佛陀廳的路。此外我一無所知。我不知道任何關於社區財務的事，我身上一派士都沒有。即使我有，我也沒有口袋可以裝它！

它完全不是一個組織，在這兒工作的人是因為對我的愛而工作。他們沒有領薪水。他們生活在各種困難的情況。我們沒有足夠的空間——甚至沒有足夠呼吸的空間。人們生活在非常擁擠的情況下，但他們是這樣的愛我，以致於即使我要去地獄，他們也會跟著我去。事實上，他們已經活在地獄——我們沒說什麼；有什麼必要？每個人都知道——但是你不會在世界各地找到比他們更快樂的人，原因是他們在這兒，他們愛著我——沒有原因的愛著我，因為完全沒有任何原因。

他們從更遙遠的社會、更文明的家庭、更有教養的背景、更富裕的社會下來到這兒。他們放棄了他們美麗的工作，高薪的工作，只是為了和我在這兒。而我什麼都沒給他們，除了我的愛。這兒可能是全世界唯一只靠愛的力量來運作的地方。

但是當你是它的一部分時，你就能經驗到它，當你是一個參與者；否則一定會有很大的誤解。很多人都誤解了，原因是他們只是觀望的人、局外人、旁觀的人、圍觀的人。這不是一個透過那些方式了解的地方；它是一個要被經驗的神秘。

馬耶夫斯基全身赤裸的站在飯店大廳的入口。一個警察抓住了他：「好，老兄，我們去找些衣服給你穿上，然後到警察局去一趟。」

「等一下，」馬耶夫斯基喊著。

「你不能赤裸裸的站在這兒！」

「但是長官，我在等我女友，」波蘭人懇求著：「我們在樓上的房間，然後她說：「讓我們穿著輕便的去鎮上吧。」我猜我贏了。」

你必須學會這兒使用的語言。不要當一個波蘭人。而這兒的語言只有當你溶解了自己，進入到這個桑雅士的潮浪中才能學會。

不要擔心未來。誰在乎未來？這個當下就是一切。和我在一起活在此時此地。經驗它的喜悅，它的慶祝。

只要這個地方還保有一股活躍的力量，繼續去邀請人們來。當它死去的那一瞬間——一切也跟著死了，記住，這是遲早的事——當它死去的那一瞬間，接受它的死。不要試著隱瞞，不要試著保留死掉的屍體，不要試著膜拜。讓人們自由，告訴他們去別的地方找到活著的師父。因為地球上隨時都會有些活著的師父。神是如此的慈悲，以致於在某處總會有一個活著的師父，如果你是真正的求道者，你將會找到他。

但是你只是在試著說服自己：有什麼必要？遲早它會成為一個制度，彷彿你會永遠活著一樣。我所創造的將會死掉，而你會永遠活著：你也會死；而且我可以告訴你一件事：在這兒所創造出來的這個現象一定會活得比你久，所以，你何必錯過機會？

兩個嬉皮坐在海灘上。那是個美麗的夜晚，一陣溫暖輕柔的微風從海上吹來，棕櫚樹隨風搖擺著。他們恍惚的坐在柔軟的草堆上；星星閃爍著，滿月明亮的散發著光。

其中一個嬉皮對另一個嬉皮說：「啊，那個美麗的月亮。我一定要擁有它。無論代價多大，我都要買下來。」

另一個嬉皮說：「不，你別想。我不會賣的。」

不要繼續和自己爭論。走出你的睡眠，走出你的夢。去看看還活在這兒的真理，當它還活著時，從它裡面拿點東西，喝它、消化它，這樣你才能成為活著的真理的一部分。

而且不要等到明天——只有笨蛋會等到明天——因為我們只能確定的只有這個瞬間。要就現在，否則就沒有機會了。

第三個問題：

奧修，我為什麼總是活在某種地獄裡？

蘇西，那都是你自己創造出來的。無論你活在天堂或地獄，你都是活在你自己創造出來的世界。沒有人要為此負責。不要把責任丟給神、命運、社會、經濟結構。不要把責任丟給你的前世，丟給他人。自己負起責任，因為那是唯一去行動、去改變、去超越的方式。

唯一造成地獄、唯一造成痛苦的原因是你自己，沒別的了。除了你自己之外，沒有人能做得到。而且不是過去創造的；你在每個片刻中創造它。

一個建築工人跨坐在一棟興建中的紐約摩天大樓的二十五層樓上的一根橫樑上。午餐鈴響了，他從他的午餐袋中拿出一盒三明治。他咬了一口，然後露出痛苦的表情。

「該死！又是花生醬！」然後他把三明治扔了。他拿了第二個三明治咬了一口，然後吐了出來：「該死！這個花生醬更多！」他拿出第三個三明治，這一次他開心的吃著。然後他找了找袋子，拿出第四個三明治：「該死！是花生醬！」他大喊。

一個和他一起工作的人看著他說：「你結婚多久了，麥克？」

「十年了，」麥克說，抬著頭想了想。

「你的妻子仍然不知道你不喜歡花生醬？」

「跟她沒關係，三明治是我自己做的。」

人繼續創造地獄，然後憎恨它，想要擺脫它。然而即使當你試著想擺脫它，你仍在創造它。人是非常無意識的。

兩個醉漢在酒吧裡聊天。

「我的名字是史密斯，」其中一個說。

「怪了，」另一個回答：「我的名字也是史密斯。你住哪兒？」

「就在對面街上。」

「啊？我也是！哪一樓？」

「三樓。」

「老天！那是⋯⋯我也住那兒。」

此時，酒保轉向另一個客人，搖著頭說：「每周六晚上都會發生同樣的事。他們是父子。」

一個女人自殺，從十樓頂跳下，掉到人行道上。她赤裸地躺在地上，一個牧師走了過來，用他的帽子蓋住那個女人的私處。

一個醉漢經過，看著那個女人和帽子，他喊著：「我們得先讓那個男的離開那兒！」

變成更有意識的，蘇西。觀察你如何創造出自己的地獄。一步步小心地觀察，你就能發現你如何創造出來的。

人只能收割他們播下的種。覺知到它會是人一生中最偉大的時刻，因為從那時起，轉變開始了，從那時起，新生命開始了。

無論你變成什麼樣的人，無論你造成什麼樣的局勢，負起責任。這是我的桑雅士的第一原則：所有責任都是你的，不要怪任何人，不要試著找藉口。那是容易的，那是自我的策略，隨時找到藉口，因為這樣就不需要改變。你能做什麼？社會是錯的，社會結構是錯的，政治的思想體系是錯的，政府是錯的，經濟結構是錯的——除了你以外，每件事都是錯的。你是一個美麗的人，只是來到各種錯誤的環境。你能做什麼？你只能承受，你必須學習如何忍耐。

那就是人們好幾世紀以來一直在做的——學習忍耐。我不教你忍耐；我教你轉變。忍耐的部分已經夠了！忍耐的意思是你誤解了一切。轉變的意思是你必須開始——至少，了解的第一道光芒已經進入你裡面。現在無論情況如何，一步步的觀察它是如何發生的。如果是憤怒，觀察它；如果是性欲，觀察它；如果是貪婪，觀察它——葛玄說的三毒。透過觀察，你將能擺脫它們。事實上，透過觀察，它們將會開始消失。

第六章 我是認真的

第一個問題：

奧修，道比頭腦還要偉大。那我們為什麼還是選擇頭腦而不是隨著道流動？

普里姆拉哈，正是因為那樣。道是如此巨大以致於人會害怕在它裡面失去了自己。我們就像露珠，而道就像海洋。露珠在害怕，非常害怕去接近海洋——一旦進入海洋，他就會永遠消失。他想要執著於他自己；無論多麼微小，多麼微不足道，多麼平凡，那都是他自己，那是他的人格。然而那是因為他和海洋是分離的。

那就是自我的方式：自我只能存在於分離中。分離創造出痛苦，因為你被從整體中連根拔除，但是人寧願受苦，也不願死亡並消失進入到喜樂裡。人們只是談論喜樂，沒人真的想要是喜樂的。他們談論喜樂的樣子彷佛就算他們不用做任何改變，而喜樂仍會自行來到他們身上。他們要喜樂也是一種可以佔有的物品，這樣他們的自我可以感覺到更強壯、更顯著、更貴重、更豐富。

但是當自我變得更顯著，你就變得更渺小。當你變得更渺小。你就變得更痛苦，因為你開始感到窒息、你開始感到各方面都是封閉的。你的監獄變得越來越小——即使要住在它裡面都不可能。但是人已經準備好要承受各種痛苦，他們準備好為了自我犧牲一切。

那就是原因，普里姆拉哈，我們執著於頭腦。頭腦只不過是自我的運行過程、自我的運作。頭腦是你和整體之間的界線。它是一道牆，不是一座橋——沒有頭腦（no-mind）才是橋。因此所有成道者都強調一個人要從頭腦來到沒有頭腦。你只有不斷的抗爭，自我才能存在；一個不斷的爭鬥是需要的，因為它是一個虛假的存在。你必須維持它；它不是某種自發性的東西，它不是某種可以靠自己存在的自然的東西。它需要競爭，它需要衝突；它需要各種嫉妒、佔有、憎恨、戰鬥。只有當那些錯誤存在，它才能存在。

自我代表了我們存在的不健康狀態。那是確定的。放鬆就是反對自我，沒有野心就是反對自我。只要放鬆一個片刻就夠了，你就能經驗道，因為它一直在那兒，它從未失去。你繼續創造出牆壁，但是這些牆壁都是在一瞬間就能被摧毀的。因此，無論在哪兒發生了什麼，無論發生在什麼樣的情況，你都變得很害怕那個情況。

人們害怕愛的原因是因為愛是存在中最有潛能的力量——當道之窗自行開啓時。愛的意思是所有的牆都消失了，所有的牆都不存在了，然後橋樑出現了。當然它只發生在兩個人之間，但是即使只發生在兩個人之間也能帶給你如此大的喜悅，被如此令人狂喜的光輝照耀著，生命壯麗的巨大經驗是自我所害怕的。

針對愛，自我創造出虛假的取代物。自我隨時準備好進入婚姻，但不是為了愛。婚姻是由狡猾的頭腦、狡猾的牧師和既得利益者製造出來的法律制度、社會習俗。愛是自然的。愛對於自我是危險的。如果愛是被允許的，你會開始經驗到一點點的道，然後那個經驗會使你想要更多。它是如此的甜美，它是如此的精緻，它是如此的美麗！然後你會準備要犧牲因為自我而產生的一切無意義的事。你將準備好要消失而進入整體。

是愛給你勇氣去做那最終的一跳——一開始是和某個人……然而一旦有過那個經驗，你就無法再退回去了，你必須往前走；你無法退回去。首先是和某個人，但是現在你已經無法停止那個過程了。它是如此的狂喜，如果和一個人就已經如此美麗，那和整體會是怎麼樣的……！

佛是一個和整體一起處於狂喜中的人。道是最終的狂喜，不是介於兩個人之間，而是介於部分和整體之間，介於露珠和海洋之間。但是露珠必須消失，它消失了，但是並沒有失去任何東西。

我們所有的恐懼都是不存在的，它們根植於無知，但是自我會利用無知。因此所有社會都扭曲了愛，使它無法自然的流動，因為它能使閘門開啓，那將會是無法控制的。最好給人們一個虛假的替代物。婚姻就是那個替代物。五千年來，人們一直活在婚姻和痛苦中。

你不被允許去經驗美。你的頭腦從一開始就被扭曲了，因為實用性而使用它。你學習數學、地理和歷史。然而歷史都是假的，完全沒有用的。何必繼續研究那些過去的笨蛋？為了什麼目的？最好忘了他們。何必擔心成吉思汗、帖木兒、納迪爾、亞歷山大大帝和拿破崙？為了什麼？這些人對人類意識貢獻了什麼？他們就像毒藥；從各方面來看，他們都是在妨礙人類的進化和發展。

在你的歷史課本裡面不會看到老子、莊子、列子、葛玄的名字——連註解也找不到。而這些人是人類意識的重要基礎，這些人才是真正的希望。但是你不會看到他們的名字，也許連聽都沒聽過；相反地，歷史學家一直在你裡面創造懷疑，耶穌是否存在過，克理虛納是歷史上出現過的人或者只是神話，馬哈維亞是真有其人還是杜撰出來的；佛陀是否真的在地球上行腳過，還是只是我們的夢或慾望投射出來的？

佛洛伊德說這些人是要被滿足的願望。我們以為應該有這樣的人，但是他們並不存在，即使他們存在。他們存在的方式也跟我們描述的不同。那就是佛洛依德和他的學生榮格不合的原因；那個不合有很大的意義。佛洛依德是非常務實的；榮格是更詩意的。榮格非常相信神話故事，但對歷史完全不信任。關於這點，我完全認同榮格。

世界上所有的神話故事比你們所謂的歷史更接近事實。但是我們教小孩學習歷史，而不是神話故事。我們教他們算數，而不是詩歌。而且我們教導詩歌的方式——使他們無法忍受，感到無聊，以致於一旦他們離開學校就不會再去看莎士比亞，不會再去看米爾頓的作品。聽到莎士比亞、米爾頓、維吉爾、鮑胡提的名字會讓他感到噁心。教授已經因為這些名字給了他很大的折磨，以致於他永遠不想再碰它們。他已經不再有興趣了，他不再是詩意般的；他對詩歌失去了所有的興趣。沒有人支持他是有創造力的，沒有人幫助他去學習如何作詩。

學者是很精明的，他們利用評論、解讀和所謂的學習去摧毀所有美麗的事物。他們使每件事變得非常沉重以致於即使是詩歌也失去了詩意。

我在大學裡從未參加過任何唱詩班。社團負責人一再又一再地叫我去：「你能參加別的社團，為什麼卻不參加唱詩班？」

我說：「因為我想使我對詩歌的興趣仍然是活躍的。我愛詩歌，那就是原因。我知道得很清楚，你們的教授完全是了無詩意的；他們的生命中從沒聽過任何詩歌。我對他們很清楚。在大學教詩歌的人每天早上會和我去散步。我從沒看過他看著樹，聽著鳥叫聲，看著美麗的日出。」

在我就讀的大學裡，那兒的日出和日落是非常美的。大學座落在一個小山丘，被很多小山圍繞著。我從沒看過：我在全國旅行過；我從沒看過比那兒更美麗的日出和日落。因為某些未知的神祕原因，沙加大學似乎擁有某種優越條件，日出和日落時的雲朵是如此多采多姿，即使一個盲人也能察覺到有某件非常美麗的事在發生。

但是我從沒看過那個在大學教書的教授看過那些日落，連看一眼都沒有。而且無論何時，當他看到我在看那些日出、日落、樹木或小鳥，他會問我：「你為什麼坐在那兒？你是為了散步來的——快去運動！」

我告訴他：「那對我而言不是運動。對你而言是運動；對我而言，它是戀愛。」

而且如果下雨了，他就不會來了。無論何時下了雨，我會去敲他的門，對他說：「來吧！」

他會說：「但是在下雨！」

我說：「對散步而言，那是最美麗的時刻，因為街道是完全沒人的。而且在下雨的時候，沒有撐雨傘的散步是如此美麗，如此詩意般的！」

他以為我瘋了，但是一個從未在下雨時漫步在樹下的人，不能說他是了解詩歌的。我對那個社團負責人說：「這個人是沒有詩意的；他摧毀了一切。他是非常博學的，而詩歌是非博學的現象，這兩者之間不會有交集。」

大學摧毀了人們對詩歌的愛和興趣。它們摧毀了你生活應該怎樣過的所有想法；它們使生活越來越是實用性的。它們教你如何賺更多錢，但是它們不教你如何深入的生活，如何全然的生活。而這些才可能使你瞥見道。這些是你可以打開小門和窗户進入到最終的可能性。你被告知金錢的價值，但是沒人告訴你一朵玫瑰的價值。你被告知當一個首相或總統的價值，但是沒人告訴你當一個詩人、畫家、歌手和舞者的價值。那些事是瘋狂的人會做的。那些是一個人慢慢滑向道的方式。

普里姆拉哈，道確實比頭腦還偉大——道比任何事偉大。道就是神，道是整體。但是我們非常害怕失去自己，所以我們持續透過一千零一種方式餵養我們的自我。

我們在我們的生命中做著兩件事：關上所有看見太陽、月亮、星星、風、雨、小鳥、樹木、愛、美和真理的門。我們關上所有窗戶，我們創造出沒有門窗且圍繞著我們的墓地。我們變成了萊布尼茲的單子：沒有窗的膠囊。我們的生命被密封到膠囊中。那是我們一直在做的第一件事。第二件事是繼續讓牆壁越來越厚。透過競爭、野心：擁有越來越多；無論你需不需要，那完全不是重點。你以為世界上最富有的人現在還需要錢嗎？他們擁有的已經超過他們所能用的，遠遠超過。但是要求更多的慾望不會停止，因為那不是他們需不需要錢的問題；問題在於使自我的牆壁越來越厚。他們不斷的互相競爭。競爭創造衝突。衝突使你的自我保持活躍。

一個披頭族在人行道上跳著街舞，他的手指隨興的擺弄著、感覺良好，這時候有一輛積架停在十字路口。

「嘿，酷爹，想比一比嗎？」披頭族說。

「好啊，」跑車的駕駛愉悅地笑著。

當綠燈亮了，披頭族一馬當先，拚命地跑著。駕駛很驚訝！他看著車子的哩程表：二十、三十、直到快要每秒四十哩，他終於趕上了那個披頭族。然後他看著後照鏡，注意到那個披頭族慢慢消失。出於關心，他繞回去找他，發現他憔悴的躺在水溝裡，全身是傷。

「嘿，」駕駛說：「你很厲害：我無法相信——發生了什麼事？」

「老兄，這就好像，」披頭族呻吟著：「我的意思是，你有曾經穿著運動鞋，以每秒四十五英哩的速度奔跑著，然後發生爆胎嗎？」

普里姆拉哈，人永遠得對一件事做出決定：他是否要過著自我的生活，而那個生活更像是死亡而非生命，或者他要過著道的生活，某一方面而言，那個生活是死亡，另一方面而言則是復活。那是十字架刑也是復活。露珠消失了，但是它變成了海洋。它什麼都沒失去，它反而得到了。

桑雅士的意思是你決定要過著道的生活，你不再執著於頭腦，你會放下，你不再給予它任何養分，你不再透過任何可能的方式去支持它，你會繼續發現你是如何支持它的，同時停止那個支持。當所有支持都停止了，它會自行崩塌。自我崩塌並消失的那一刻就是生命中最偉大的時刻。那就是成道的時刻，覺醒的時刻，就是你成為基督、佛陀或克理虛納的時刻。

第二個問題：

奧修，你完全反對智力嗎？一個人是否應該永遠不使用他的頭腦？

拉傑卓，我沒有完全反對智力。它有它的用處，但是那些用處是很有限的，而且你必須了解它們的用處。如果你的工作跟科學家一樣，那你就必須用到你的智力。它是一個美麗的機制，但是只有當它一直是奴隸而且不會變成主人時才是美麗的。如果它變成了主人，並擊敗了你，那麼它是危險的。身為意識的奴隸而言，頭腦是一個美麗的僕人。身為意識的主人而言，頭腦是一個非常危險的主人。

這個問題是需要強調的。我沒有完全反對智力——我自己會使用智力，我怎麼會反對它？現在，對你說話，我就在用它。但是我才是主人；它不是我的主人。如果我想用它，我就用它。如果我不想用它，它沒有辦法控制我。但是你的智力、你的頭腦和你的思考過程，無論你想不想，它們持續著。它不會因為你而感到打擾——彷彿你誰都不是一樣——它持續不斷。即使當你在睡覺時，它仍在繼續工作著。它完全不聽你的。長久以來，它一直握有權力，以致於它已經忘記它只是一個僕人。

當你去散步，你會用腳。但是當你坐著，不需要繼續移動你的腳。人們問我：「奧修，你連續兩個小時坐著不動。你連腳都沒動過。」我為什麼要動？我沒在走路！我知道你的意思，因為即使你坐在椅子上，你也不是真的坐著。你會搖動著腳，改變你的坐姿和位置，做一千零一件事，動來動去——一個很大的心神不定。

同樣的，你的頭腦也是如此。如果我對你說話，我會使用頭腦。當我停止說話，我的頭腦也停止了，立刻地！如果我沒對你說話，我的頭腦不需要繼續工作，它只是進入到寧靜中。它應該是這樣。它應該是自然的。睡覺的時候我不做夢；不需要。你做夢是因為白天有很多工作沒完成，因此頭腦必須做它。它是超時工作——你無法在白天完成。

你如何能完成每件事？你同時在做一千零一件事。沒有任何事真的完成過；每件事都是未完成的——也將永遠是未完成的。你會死，但是沒有任何事會被完成。你的工作不會有任何部分會被完成，因為你同時做很多工作，你變成很多部分，你不是整合的。頭腦拖著你去做某件事，心拖著你去做另一件事，身體則要你去某個地方，你總是困惑，不知要聽誰的。而且頭腦不會只有一個，你有很多頭腦——你是多重心智的。你裡面有一個群眾的頭腦。沒有任何統一與和諧。你不是一個管弦樂團——和音調不一致的；每件事都在自己進行著；沒有誰會聽誰的——你只是創造出噪音，而不是音樂。

如果智力像整體的僕人一樣運作，那是好的。如果它待在正確的位置上，那沒有任何事是不好的，但是如果它待在錯誤的位置上，那一切都會是錯誤的。如果你的頭部待在你的肩膀上，那是完全沒問題的。但是如果它在別的地方，那麼它會是錯誤的。

像科學家一樣的工作是需要智力的。在俗世工作，智力是需要的。用文字溝通，和人們說話，智力是需要的。但是那個用處是有限的。有些更偉大的事情是完全不需要智力的。然而它繼續在不需要它的情況下運作；那是問題所在。你應該能夠：靜心者變得能夠，他變得非常流暢的，彈性的，他不會變成像白癡一般的。他使用他的智力，但是也使用他的直覺——他知道它們的功能是不同的。他使用他的頭部，也使用他的心。

我曾住在一個任職於加爾各答高等法院的法官家裡。他的妻子告訴我：「你是我丈夫唯一非常尊敬的人。無論你說什麼，他都會聽，否則他不會聽其他人的。我盡力試過了，但是我失敗了。那就是為什麼我要告訴你這件事。」

我說：「是什麼問題？」

她說：「那個問題每天變得越來越嚴重。他二十四小時都像是個法官。即使和我睡在床上，他仍是一個法官——彷彿他期望我會對他說：「法官大人。」和小孩在一起，他也表現得好像法官，彷彿小孩是罪犯一樣。和每個人相處都一樣！我們累了。他從不停止！他不斷的扮演這個角色；他從不忘記。那已經深入到他的頭腦中。」

她是對的——我認識她丈夫。

在法院擔任一個法官是好的，但是等你離開法院……法官只是一個職務，你是一個公務員；你不會變成法官——那不是你的存在！但是我們已經混淆了；它變成了你的存在。

他會帶著那個身分回家，然後他開始以同樣的方式對待妻子、孩子和每個人。妻子怕他，小孩也怕他。他一進到家裡的那一片刻起，到處都充滿了恐懼。就在一個片刻前，小孩還快樂的玩耍著，享受著。然後他們會突然停止，妻子會變得很嚴肅。整間房子立刻變成法院。

這就是數百萬人的狀態：他們維持不變，他們帶著辦公室的身分回家。你的智力是需要的，拉傑卓；你的頭部有它的功能。神從不會沒有任何理由就給你任何東西。頭部有它的美，但是它應該待在它的位置。有些更偉大的事不是頭部可以處理的，當你進入那些事中，你應該把頭部放到一邊。你應該要能做到這樣。那是彈性、那是智慧。還有記住，不要分不清楚智力和智慧。

智力只是智慧的一部分。智慧是一個更巨大的現象，它包含比智力更多的東西，因為生命不只是智力上的，生命也是直覺性的。智慧包含了直覺。

你會很驚訝的知道一件事，很多偉大的發現都不是因為智力而做到的，而是直覺。事實上，所有偉大的發現都是因為直覺而做到的。

某些更深入的東西存在於你裡面。你不該忘了它。智力只是圍繞在周圍的，表面上的，它不是你存在的中心；你存在的中心是直覺。

「直覺」這個字是值得了解的。智力需要講授，它必須被教導。因此會有學校、學院、大學，它們都在提供講授。直覺不需要講授，那是你內在的世界；它是某個神給予你的禮物——你自己攜帶著它。

當你把智力放到一邊，把你的頭腦放到一邊，然後你裡面的某個東西會開始運作，從周圍是不能理解那個東西的。你的中心開始運作，你的中心總是和道保持協調一致。你的表面是你的自我，你的中心則是和道保持協調一致。你的中心不是你的，也不是我的；中心是宇宙般的。表面是個人的——你的表面是你的表面，我的表面是我的表面——但是我的中心和你的中心不是兩個東西；在中心裡，我們都是一體的。

那就是為什麼宗教開始了解到存在的一——因為它依靠直覺。科學繼續分割和分析。它得到了微小的粒子，稱之為電子。世界變成多元化的，它不再是一個宇宙。事實上，科學家應該停止使用「宇宙」這個字，他們應該開始使用一個新的字：「多重宇宙」。「宇宙」有一種宗教的味道——「宇宙」的意思是一。宗教則是達到了一；那是中心的經驗。但是只有當你從表面移向中心時，中心才能運作。它需要一個量子跳躍。

拉傑卓，你說：一個人是否應該永遠不使用他的頭腦？

我沒這樣說。我的談論會反對頭部是因為我的工作是宗教性的。

有一個花癡，沒有任何人能滿足她。世界各地來的人都盡其所能，但是都失敗了。然後馬曲士塔來了，和那個女人進去房間五個小時後…當他終於出來時，他完全精疲力盡的，非常挫折的。他必須承認失敗。

泰山也到場想試試看。他帶來所有在叢林學到的技巧。很多人在外面等了好幾個小時，以為他會成功，但是當他出來後，他只是咕噥著：「這個女人是個奇蹟！沒有人可以滿足她！」然後離開了。

越來越多雄心勃勃的人帶著很大的希望來到——但是仍然沒成功。然後有一天，一個瘦小的猶太裁縫經過，他的店面就在街角。他很好奇，想知道發生什麼事，即使群眾認為這不是他該來的地方，他們還是告訴他整個狀況。但是令他們很驚訝地，裁縫說：「我會成功的！」所以為了取笑他，他們讓他進去了。

十五分鐘後，他和那個女人出來了，手牽手並眉開眼笑的。沒有什麼需要說了。他成功了。

「你怎麼做到的，訣竅是什麼？」每個人都想知道。

「喔，有些時候你必須用到你的頭部，」他毫不在意的說。

第三個問題：

奧修，道是愛的方式和覺知的方式的綜合嗎？

巴克堤，道不是我們所了解的「綜合」。它不是阿薩吉歐力所謂的「綜合」，它不是那個意思。

「綜合」這個字的一般意思是讓兩個對立物會合，在兩個對立物之間創造出某個會合的基礎。它不是那個意思。它不費任何力氣的創造出那種統一。但是它是有著不同意義的綜合，它是處於更高意識的綜合，它是處於完全不同層面的綜合。它是愛和覺知之路的超越，它是對立面的超越。無論何時，對立面被超越了，綜合就自行發生了。但是你必須了解那個差異。

阿薩吉歐力的綜合是非常貧乏的；它沒有深度，它不可能有——它是頭腦的努力。它遠比佛洛依德的分析還要貧乏，原因是因為頭腦在分析事情上是非常有效率的；但是頭腦無法綜合事情。那就是原因所在，雖然阿薩吉歐力試著做的事遠比佛洛依德做的事更重要⋯但是他失敗了。如果你研究這兩個人，佛洛依德像是天才。而阿薩吉歐力在他旁邊像是侏儒一樣。

讓我再強調一次，他在做的事遠比佛洛依德所做的還要龐大，還要重要，但是佛洛依德成功了，因為他做的工作是頭腦可以做的，他的方向是正確的。但是阿薩吉歐力試著透過頭腦去做像道一樣龐大的事情。頭腦無法綜合。道透過一個完全不同的層面來進行：它超越了頭腦，進入到沒有頭腦。當你進入到沒有頭腦，綜合就發生了——而不是你去做任何事才能達到綜合。

阿薩吉歐力的綜合是人造的，人工的。因此它更像一個大雜燴，他想要試著使兩個對立物會合，但是它們是勉強會合的；被強迫會合的，因此基本上，因為它們是對立物，它們無法會合。而他使用的是頭腦，頭腦是無法創造綜合的，它只能分析。

道使用靜心，不是頭腦。它對綜合完全沒興趣。它只是移動到頭腦之外，然後綜合就像影子一樣來到。你可以看到它在這兒發生。

例如：舉個更接近現代的例子。幾年前，甘地試著做一個綜合所有宗教的偉大實驗。他完全失敗了。一定會失敗，因為他在試著製造綜合，而綜合無法被製造。他試著透過頭腦來進行。他不知道靜心是什麼，他從未試過靜心。以宗教之名，他只知道祈禱——而祈禱屬於頭腦；它不是靜心，它是對神說話。就如同你對別人說話，你也能對神說話，某個可能只是想像出來的人，某個事實上就是想像出來的人，因為沒有人在那兒。

祈禱是一段對話，你和想像出來的神之間的對話。靜心是寧靜——沒有對話，也沒有獨白。

甘地不知道靜心，但是他努力的試著要創造出某種綜合的表象。你還能透過智力做什麼？

基本上他是一個印度教徒，一直到他死去，他一生都一直是個印度教徒。他把吉踏經稱為他的母親，但是他從未把可蘭經稱為他的父親——甚至連叔叔都不是。雖然他說那些教導都是一樣的，但是他處理的方式是完全政治上的——機靈的、狡猾的，但不是真實的。那是頭腦的努力，無法是真實的。但是他很擅長。他所做的是無論他在可蘭經、聖經、法句經裡面發現到任何和吉踏經一致的部分，他立刻就保留它們，他會說：「看！所有宗教都在教導一樣的事。」

但是在聖經裡面有很多話是違反吉踏經的，在可蘭經裡面有很多話是違反吉踏經的，在法句經裡面有很多話是違反吉踏經的。他不會去注意它們，他會忽略它們；他知道他做不到，無法使它們完全一致，所以他的拚湊是虛假的。事實上，他對吉踏經很熟；所以無論何時，一旦他發現到吉踏經裡面提到和那些經典有共鳴的部分，他立刻就說：「看！它們都在談論一樣的事。」

但是那些不同的部分呢？那些完全不同的觀點呢？例如，可蘭經不相信非暴力。穆罕默德從不相信非暴力；他自己總是隨身攜帶著劍，他打過很多仗。而甘地相信非暴力，但是可蘭經是一本很厚的書；你可以在裡面找到一些支持愛、同情、慈悲、仁慈的話，然後就能使用它們，聲稱穆罕默德是支持非暴力的。

馬哈維亞支持非暴力，佛陀支持非暴力；但是克理虛納在吉踏經中並沒有主張非暴力。於是甘地再次玩了一個政治上的手段。他說吉踏經中談到的第一個戰爭，摩訶婆羅多戰爭，阿朱那發現將會有數百萬人死去，整件事似乎是沒有意義的——只是為了權力、財寶、領土而要殺這麼多人…他的內心裡產生了想要棄世的強烈慾望。他想要放棄，他說：「我最好到山裡面，成為一個桑雅士，」但是克理虛納說服他留下來戰鬥，因為：「這是你的責任。神要你戰鬥。臣服於神的意志；不要將你的意志帶進來，不要將你的頭腦帶進來。你得處於一個放開來的狀態，讓神在你裡面運作。」

阿朱那用很多觀點來辯論，但是克理虛納最後還是贏了，使他相信留下來戰鬥的必要，因為他說：「這是對與錯的戰爭，宗教與非宗教的戰爭，光與暗的戰爭，神與魔的戰爭。」

現在甘地玩了一個技倆。他說這個戰爭只是一個隱喻，它從沒發生過，歷史上從未發生過。那只是一個人內在中的神與魔的對抗，內在中的光與暗的對抗。克理虛納對阿朱那說的是：「不要逃避內心裡面的戰鬥——對抗黑暗，戰勝黑暗。」

現在這是一個非常狡猾的策略。在甘地之前，從沒有人說過這個班度族和庫魯族的戰爭只是一個隱喻。五千年來有數千多種解釋吉踏經的評論；都沒有人說過這是一個隱喻，這個戰爭一直被認為真的發生過。但是甘地必須說它只是一個隱喻，否則他無法將這些宗教綜合起來。此外耆那教和佛教是其中兩個最重要的宗教——必須將它們整合。

耶穌也造成很多麻煩，因為他進入耶路撒冷的聖殿裡面，變得很憤怒，拿著鞭子抽打了那些換錢的人，翻倒他們的桌子，將他們趕出聖殿。現在，一個非暴力的人不能是如此憤怒的。如果你問甘地，他會說：「去禁食。在那些換錢的人面前禁食，除非他們停止在聖殿裡面換錢，否則一直禁食到死。那會是一個轉變他們的非暴力方法。」但是手上拿著鞭子抽打他們，推倒桌子並將他們趕出聖殿似乎不像是非暴力的。

他從沒談過那部份。他放棄了那部份。他只談論山上佈道：「柔順的人有福了，因為天國是他們的。」但是耶穌似乎不是柔順的。柔順的人會翻倒換錢人的桌子並將他們趕出聖殿嗎？他是柔順的嗎？你能說他是柔順的嗎？他是個戰士。他無法容忍聖殿裡面有如此愚蠢的行為。他說：「你已經污染了我父親的殿堂。滾出去！」

甘地只選擇了一部分，把它們弄成大雜燴，然後把它們稱為所有宗教的綜合。他根本沒有成功。他無法說服回教徒，也無法說服印度教徒。他連印度教徒都無法說服——他是一個印度教徒——也被一個印度教徒謀殺。他無法說服印度教徒。他也無法說服耆那教徒，因為他們一直認為克理虛納不是好人。

耆那教的神話説克理虛納被丟到第七層地獄，原因是他讓打算要放棄戰鬥的阿朱那改變了決定。他使用美麗的邏輯強迫他、勸説他、説服他、誘惑他——使他無話可説——只得戰鬥。然後死了數百萬人。誰該為這些暴力和鮮血負責？他要負責——他要負的責任甚於阿朱那。耆那教從沒有原諒他；即使在甘地所做的努力之後，仍然沒有任何耆那教徒寫過一本原諒或接受克理虛納的書。要如何評斷克理虛納？耆納教甚至不同意佛教徒和他們的非暴力，而佛教徒也不同意耆那教的非暴力。他們都是非暴力的，但是兩者的非暴力是不同的。

耆那教徒説：「不要殺生。不要吃肉。」佛教徒説：「不要殺生，但是如果動物是自己死掉的，那麼你可以吃牠的肉——因為這樣，吃牠的肉有什麼錯？」

現在，那是耆那教和佛教之間的一個爭議。在某種程度上，我認為耆那教是對的。邏輯上而言，佛陀是對的，殺生是不好的——「不要殺害動物。牠們跟你一樣是有生命的，他們想要跟你一樣，盡可能的一直活著。不要殺害牠們。但是如果動物死了，何必浪費牠的肉？牠的肉可以被用來當成食物。牠的皮可以被利用，牠的肉可以被利用，牠的骨頭可以被利用。它們應該被好好利用。何必浪費它們？」他似乎是非常務實的；他是一個實用主義者。

但是耆那教也是對的。他們説當你同意吃肉並不是不好，但是誰來決定動物是不是自己死掉的？

那就是現在發生的狀況：在中國、在日本、在韓國、在緬甸、在全亞洲，佛教徒會吃肉。所以每天有很多動物不是自己死掉的！全亞洲的五星級飯店，它們要從哪兒去取得肉？如果是因為動物的自然死亡而取得的，那為什麼在佛教國家有這麼多肉販和屠宰場？——有什麼必要？在佛教國家裡的每間飯店都會放一個佈告欄，上面寫著：「僅提供自然死亡的動物的肉。」

人是非常狡猾的，他會想到辦法；一旦你給了他一個機會，他會找到漏洞。所以馬哈維亞強調不應該留下任何可能的機會。

甘地無法說服任何人，但是在這兒，你可以看到一個自行發生的綜合。我不對綜合任何事有興趣。我從未談過綜合的宗教——但是它自己在發生。在這兒，你會看到所有宗教，屬於不同宗教的人們。沒有人會擔心誰是猶太教徒、誰是回教徒、誰是印度教徒、誰是耆那教徒、誰是佛教徒、誰是拜火教徒；不會有人注意這個。

一個綜合正在發生。不是被製造出來的；它是透過靜心而發生的，而不是透過心理作用而產生。這才是真正的綜合。它是透過超越而發生的。當你靜心的時候，你超越了頭腦。當你超越了頭腦，你就不再是一個基督教徒、不再是一個耆那教徒、不再是一個猶太教徒。你只是一個意識，一個純粹的意識，一個鏡子般的清明。那個清明就是真正的綜合。

巴克堤，你說：道是愛的方式和覺知的方式的綜合嗎？

就某種意義而言，它不是；就某種意義而言，它是。

第四個問題：

奧修，我對你的工作非常有興趣，但是我仍然害怕成為一個桑雅士——為什麼？

巴伐西翰先生，你從沒有待在這兒過——這個問題來自於一封信——你對我的工作有什麼了解？你從沒有參與到這兒所發生的一切；你沒有任何直接的體驗。在這兒所發生的並不是抽象的哲學，而是非常實際的經驗。所以你一定是對我的話語有興趣，不是我的工作。你一定是讀過我說的話語——然而我說的話語不包含我或我的工作。它們只包含來到這兒的邀請，待在這兒的邀請。它們只是邀請，沒別的了。它們無法攜帶著我要給你的真理。你必須來這兒，和我在一起，和我在一起生活。但是你還沒來過。

我收到過來自巴伐西翰的問題，很多封信。這是我第一次回答他。但是他的問題都是寄來的——他住在馬德拉斯的某個地方；離這兒不遠。但一定是因為恐懼使你不敢過來——害怕待在這兒，害怕如果你待在這兒，你很有可能會成為一個桑雅士。待在這兒幾乎不可能不成為一個桑雅士，除非你像死人一樣，沒有感覺的，遲鈍的；除非你擁有一個非常平凡的頭腦，以致於你無法了解；除非你已經有了偏見，來到這兒之前，你已經下了結論；除非你非常博學多聞，以致於你認為這兒已經沒有東西可以學習或了解，否則你一定會成為一個桑雅士。但是那個恐懼使你無法來這兒。

在這個問題裡面提到了那個恐懼。你承認了這個恐懼是好的，因為在其他的問題裡面，你一直嘗試避開那個恐懼——不只是嘗試避開，你還嘗試去合理化那個恐懼。你曾經提過一個問題：「何必去成為一個外在的桑雅士？在內心裡，我已經是一個桑雅士了。」那何必寫信給我？只需要在內心裡寫信就夠了。何必再去看我的書？它們都是外在的東西。這些都是狡猾的合理化。

巴伐西翰，你曾經在另一個問題提到，你想要成為桑雅士，但是要依照你的方式。你還說：「我聽說現在是由你的某些門徒來點化印度人，使他們成為桑雅士。但是我只想讓你點化，成為桑雅士。」

過去十年中，我點化人們，使他們成為桑雅士。那個時候，你從沒寫過這樣的信。現在，聽到現在印度人是由某些門徒點化而成為桑雅士，你一定在想：「這是一個好機會，一個保險——有了這個限制。」來這兒。我會親自點化你！不用擔心。

現在你問：這個問題是更真誠的，那就是我要回答你的原因：你說：我對你的工作非常有興趣。那是因為「讀過我說的話語」。但是我仍然害怕成為一個桑雅士——為什麼？

因為話語只是話語，而桑雅士的意思是真正的轉變。你一定很會玩弄文字。你一定看過你寄來的這麼多信和問題，很明顯的，你很熟悉哲學術語、抽象的觀念和艱深的行話。

安傑羅和他的朋友法蘭克沿著匹茲堡街道閑晃。安靜了好一會兒，安傑羅說：「喂，你怎麼不說話？」

「喔，有一件事已經煩了我好幾天，」法蘭克說：「也許跟我無關，但是你是我好幾年的朋友，所以我得告訴你。」

「說啊，說出來！」安傑羅說。

「上週六晚上，我在倉庫看到你的妻子，貝蒂。我不想這麼說，但是安傑羅，貝蒂是一個妓女！」

「不是啦！貝蒂不是妓女！」安傑羅說：「她只是扮演一個替代妻子的角色。只有週末才會在那兒！」

玩弄文字的人會迷失在文字的叢林中。你似乎很擅長文字。

那就是為什麼人們會繼續閱讀吉踏經、吠陀、聖經和可蘭經——因為現在穆罕默德已經死了，所以不會有危險；耶穌已經死了，所以不會有遇到他的危險；克理虛納已經死了，所以你可以隨意的繞著文字玩耍，只是為了心理上的滿足——你可以依自己的需要來解釋它們。但是我還活著。你無法玩弄我說過的話。如果你對我說過的話有興趣，一定會有一個想要來這兒的慾望。因此會有恐懼——害怕如果你真的對這些話語有興趣，誰知道？——你可能也會對這個人有興趣。然後就無法回頭了。

玩弄文字是容易的；它不會妨礙你的睡眠，它不會妨礙你的無意識，它不會妨礙你的夢。但是和一個師父在一起是一個妨礙，一個很大的打擾。

一個醉漢蹣跚的進入了一個遊樂園，他走到一個射擊場。「給我十發子彈，」他打了嗝說。

「那要二十便士，」服務員笑著說。

醉漢開始射擊，每一發都射中靶心。

服務員很驚訝，把獎品給了醉漢——一隻大陸龜。

過了一會兒，醉漢又回來了，再次射擊，每發都射中靶心。

「你可以選擇這兒的任何獎品，」驚訝的服務員說。

「我要另一個可以弄破的肉派！」醉漢說。

玩弄文字很容易——你可以愚弄你自己。但是在這兒，我將會重重的打擊你，我將會打破你的頭蓋骨。然後，自然地，夢不見了。我把人們的頭骨弄出一個洞，然後所有的夢都不見了。

精神病院裡的所有病患去了新的游泳池旁準備游泳。

「好，」護士說：「今天到此為止！明天我們再來這兒，同一時間，同一地點，然後我們用游泳池的水再做一次！」

你害怕水。在沒有水的游泳池裡，你就能享受只有文字的情況。

清醒點！每個人都害怕成為桑雅士，因為桑雅士的意思是承諾，桑雅士的意思是一個戀愛事件。桑雅士不屬於頭部，它屬於心。它是進入到深水中，而你已經習慣坐在岸邊做夢、思考和沉思。

兩個醉漢在一條馬路上高速行駛著，其中一個醉漢突然對另一個醉漢大喊：

「小心，前面有一個轉彎。」

「你為什麼對我大喊？」另一個醉漢回答：「我以為是你在開車！」

我是認真的。我不是一個哲學家——剛好相反——我是完全存在性的；因此我強調要成為一個桑雅士，因為我知道除非你做出承諾，除非你進入這裡面，除非你冒點危險，否則你無法成長。

你可以累積那些話語——你想要累積多少就有多少；擁有偉大的話語是非常容易的。巴伐西翰，你住在馬德拉斯。清奈離那兒很近——就在馬德拉斯的郊區，車程只要幾分鐘。你可以去那兒。清奈擁有全世界收藏奧秘書籍最多的圖書館，因為它是神智學的總部——全球的總部。它收藏了各式各樣的胡說八道。你無法找到任何一個像那兒一樣，收藏了這麼多胡說八道的地方。

當我在馬德拉斯的時候，在清奈當地的人們邀請我過去，至少過去幾分鐘。我說：「我會過去。」

我到了那兒。他們帶我到處參觀——那是一個美麗的地方——他們帶我參觀了他們的圖書館。然後問我：「你覺得我們的圖書館怎麼樣？」

我說：「這很少見。我看過很多圖書館，但是沒有看過任何一個圖書館，收藏這麼多胡說八道的東西。」

他們很震驚。他們說：「什麼…？」

我說：「沒錯。神智學是本世紀所出現過的最愚蠢的東西。」

巴伐西翰，你可以去清奈——事實上，你一定得去——你可以在那兒找到各種古老的經典，你可以讀那些美麗的東西，然後仍然保持是一成不變的。你不會有任何改變。但是來這兒是完全不同的一件事。我不是一個會胡說八道的人。

一個小男孩在廣場中央尿尿，一個幽默的警衛經過說：「不要在這兒尿尿，小朋友，不然我就剪掉你的小雞雞！」

小男孩很快的溜走了，當他來到廣場的另一邊，他看到一個跟他同年紀的小女孩也在尿尿。他看著小女孩大喊：「老天！那個警衛是認真的！」

那就是你害怕的原因——我真的是認真的。來這兒看看，來這兒體驗看看。不要錯過機會。你隨時都能得到那些話語，但是和一個活著的師父交流的機會是很稀少的；偶爾才會發生。不要繼續從馬德拉斯寄來愚蠢的問題，來這兒。有的人還從墨西哥過來……馬德拉斯並沒有很遠，坐飛機不用一個小時。

那個恐懼是因為透過那些話語，你已經意識到在這兒發生的，比那些話語能給予你的還要多。你不是害怕我，你不是害怕成為桑雅士，你在害怕你自己的渴望——你想要一跳。你在害怕潛藏在你裡面的那股想要成長的力量，你在害怕潛藏在你裡面的那股想要一個機會的力量，你在害怕潛藏在你裡面的那股想要某種氛圍的力量，你在害怕潛藏在你裡面的那股想要某種能量場的力量。那個能量場已經準備好了，就在這兒。來這兒，飲用它，你將永遠不再口渴。但是你必須付出代價。

桑雅士就是那個代價。我知道只是穿橘色的衣服不會使你成道，但是它是一個方法。穿著橘色的衣服會使你出名，因為你會被當成瘋子。我要你們聞名全世界：我的人是瘋狂的。

神只適合那些相當瘋狂的人，那些為神而瘋狂的人。就如同人為了金錢而瘋狂，為了權力而瘋狂，除非你為了神而瘋狂，否則你不會有希望。你在害怕，因為待在這兒，某些事會發生。種子就在那兒，你知道它只需要適合的氣候和適合的土壤。一旦你有了適合的土壤，種子會開始發芽。

你在害怕那個未知的。桑雅士是一個前往那個未知的朝聖之旅。它是航行在地圖上沒有出現的海洋。神是未知的——不只是未知的，而且還是不可知的。

來這兒！魯米說：「來，來，來……」我不斷的說：「來這兒，」因為我在這兒可能不會待太久。

第五個問題：

奧修，你說的都是實話嗎？

Reverend Banana先生，是的，我說的都是實話，即使我必須說謊。

第六個問題：

奧修，我想要遇到一個不隨便、不會傻笑、不會八卦、不會抽煙、不會喝酒、不

會和人調情或不會和別人接吻的女人。這有可能嗎？

Michael Potato先生，只有一個問題：為什麼？有什麼必要？

第七個問題：

奧修，你真的在等我嗎？我已經來了。我想問你，你那些互相擁抱和接吻的桑雅士會上天堂嗎？

Michael Tomato，我很高興你來了。歡迎回家。現在這兒有了完整的三位一體：香蕉、馬鈴薯和番茄。這看起來似乎比聖父、聖子和聖靈還可口。對於這三個人的說法是完全相同的。所以它更像是三神一體，神的三個面目，而不是三位一體。不是三個人，而是一個有三個臉的人。此外，那些說法不是在描述一個男人，而是一個女人，這使得一切更顯得神秘。

今天早上，我要味味克拿來一根香蕉、一顆番茄和一顆馬鈴薯，這樣我就能決定它們的性別——是男人還是女人。我試了各種方式：派坦加利瑜珈，各種瑜珈姿勢，用頭倒立——二十五年來我從沒有這樣做過；我從各種可能的角度觀察它們——我甚至試著旋轉了一會兒。但是當我開始旋轉，我變得更困擾：香蕉開始變得像是馬鈴薯，馬鈴薯開始變得像是番茄，番茄開始變得像是香蕉⋯⋯然後我想到，也許是因為宿醉。昨晚亞露的男友，尼藍加，為我帶來一罐很棒的啤酒，我喝太多了。

我試了各種方式，但是都沒有用，我無法知道這些是男人還是女人，我厭倦了這些靈性上的努力，於是我叫它們滾開。就在這時候，味味克從浴室出來，她感到震驚。她對我說：「奧修，對這麼天真的香蕉、馬鈴薯和番茄，不應該這樣說話。只要叫它們趕快離開，它們就會滾開！」

Michael Tomato，你說：你那些互相擁抱和接吻的桑雅士會上天堂嗎？

我想你並不了解天堂現在的狀況。你一定攜帶著非常古老的概念。是的，在過去是很困難的，但是神一直跟隨著時代潮流。祂一直是現代化的。誰能比神更現代化？事實上，現在你所謂的聖人無法上天堂了，只有我的桑雅士可以。

教皇到了紐約，他想要去拜訪大主教。他被告知大主教整天都待在海灘上，出於好奇，教皇決定去那兒找他。

他在那兒遇見一個非常英俊的健壯男士，一身非常美麗的棕褐色肌膚，穿著紅色的泳衣，他面帶笑容的問了教皇：「羅馬最近有什麼事嗎？」

教皇感到非常驚愕以致於無法回答，大主教轉頭對一個穿著白色比基尼的年輕美女說：「瑪麗，看看誰來這兒了！」

教皇錯愕的問：「誰⋯誰⋯那個女的是誰？」

「噢，」大主教回答：「她是聖心女修道院的院長！」

一切都不同了。Tomato先生。你那些老舊的天堂概念只會出現在你的經典和頭腦裡面。事實上它已經不存在了。我的方式是現代的、最有機會的。他們會第一個上天堂。

三個修女死了，她們在天堂的大門前相遇。

聖彼得出現了，他說：「女孩們！在妳們進來前，我必須先問妳們一個問題：當妳們還活著時，妳們用私處做了哪些事？」

「只用來尿尿！」第一個修女回答。

「很好，那妳呢？」他問了第二個修女。

「只有用來尿尿！」第二個修女回答。

「很好，」他轉向第三個修女。

「喔…」她開始猶豫：「嗯哼…好吧…你知道的…我遇到一個很好的牧師，然後…他人非常好…嗯，我無法拒絕，所以我用來跟他上床！」

「好，」聖彼得對最後一個修女說：「妳可以進來。但是前面兩個，很抱歉，妳們不行！」

那兩個修女感到非常不舒服，她們問：「問什麼？」

聖彼得回答：「天堂不是廁所！」

第七章 我曾聽說

令人尊敬的師父說：
人的頭腦的顯現使他了解到這個不變的真理。
在不變的寂靜中，就能找到不變的純淨和安寧。
達成純淨和寂靜的人進入到永恆不變的道。
進入到永恆不變的道的人，稱他為得到道的人。
雖然他被稱為得到道的人，他知道他並沒有得到道。
只有當他轉變了眾生之後，才能稱他為真正得到道的人。
能夠了解這個的人，可以引領其他人得到神聖的道。

《原經文》
真常得性。常應常靜，常清靜矣！如此清靜，漸入真道。既入真道，名為得道。
雖名得道，實無所得。為化眾生，名為得道。能悟之者，可傳聖道。

葛玄的經文總是用如此重要的陳述開始：

令人尊敬的師父說：

字面上而言，翻譯似乎是正確的，但是就經典的精神而言，不是正確的翻譯。所有佛教經典的開始都是相同的——和這部經典的開始只有一點不同，但是一點不同就能造成很大的區別。佛教經典的開始是：「我曾經聽師父說⋯⋯」你可以看出那個不同。師父談論的原因可能是不同的，師父可能是在表達某個完全不同的東西。師父存在於一個不同的層面；他在山峰上談論，最終的意識之峰。而弟子在他的存在所處的黑暗山谷中聆聽。等到話語傳達到弟子身上，它們一定會被曲解，它們一定會被弟子強加和投射很多解釋。

因此，我的感覺是葛玄不會犯這個錯。一定是翻譯者錯過了重點；那個重點是很精微的。對於一般人而言，不論一個人說：「我曾經聽師父說，」或「令人尊敬的師父說，」似乎是沒有差別的。但是當你說：「令人尊敬的師父說，」你是在做出某種聲明，彷彿你可以正確的說出師父要表達的。那是不可能的：你只能說出你聽到的。

現在，你在這兒聽我說，這兒有大約三千個桑雅士。每個桑雅士都將依據他受過的制約、依據他的頭腦狀態、依據他的偏見、概念、思想體系和哲學、依據他自己的經歷來聽我說話。如果你沒有任何經歷、如果你超越了所有的概念、思想體系、哲學和宗教、如果你不再待在頭腦，那麼你才能正確的聽到我說了什麼。但是這樣就沒有必要去聽了；你自己就已經了解了。葛玄就不會說：「令人尊敬的師父說，」他可以直接說出這本經典。那會是他自己的經驗。他很接近那個山頂了，他最終到達山頂了，但是這些話是在他成道前就存在的。這些話是弟子紀錄下來的，你要記住這點。

無論何時，當你要談論我說過的話，要記住你只是聽到那些話。你無法確定我要表達的東西是否跟你的了解一樣。

在義大利，公車司機的座位旁邊會有一個注意事項：「不要和司機聊天。」

在德國，公車司機的座位旁邊會有一個注意事項：「禁止和司機聊天。」

在英國，公車司機的座位旁邊會有一個注意事項：「和司機聊天是不禮貌的。」

在蘇格蘭，公車司機的座位旁邊會有一個注意事項：「你和司機聊天能得到什麼？」

師父說了某些東西的那一瞬間，那是來自於他內在深處的核心。當你聽到他說的話，你那時候的狀態是處於表面的。等到那些話到達你內在深處的核心——如果它能完全的到達，如果你運氣很好，可以讓那些話下沉到你的存在的核心——即使如此，那些話的意義也不再是相同的。它不可能會是相同的；它不再維持那個本質了。它會改變：它可能會被曲解，它可能會失去某些東西，你的頭腦可能會添加某些東西到它裡面。

科學家最近才發現：在那個發現以前，我們的頭腦和感官存在的目的，一直被認為只是用來使我們和存在保持聯繫。但是最近的研究指出，感官和頭腦有兩種功能。其中一個是使我們和存在保持聯繫，但是更重要的是第二個功能：使我們不受到干擾。它們的功能就像我們的頭腦的遮蔽物、我們的態度的遮蔽物、我們的生活方式的遮蔽物、我們受到的限制的遮蔽物。只有百分之二的實相可以進入；百分之九十八的實相被擋在外面，被擋在門外，因為如果讓它們全部進入到你裡面，你將會發瘋，你會無法承受。

一個人只有處於完全的靜心中才能全然地放鬆，才能讓一切進入，他是脆弱的，但是沒有任何原因，他是沒有負擔的，存在隨時可以使用他。

我要更改這段話。我要更改成如同佛教經典在開始時會說的話。它們是最親近佛陀的弟子阿難所寫下來的。他和佛陀一起生活了四十二年；沒有任何一刻離開過佛陀。日復一日，年復一年，他像影子一樣的跟隨著佛陀。即使是影子有時候也會離開你，但是他從未離開過佛陀。他聽到佛陀說的每句話，在佛陀死後，當他要談論佛陀說過的話時，他會說：「我曾聽過佛陀說。」每一句話的開始都是「我曾聽說⋯⋯」這裡面有一個偉大的洞見。

葛玄不可能這樣做：他不可能會說：「令人尊敬的師父說；」他只會說：「我曾聽說⋯⋯」翻譯者一定更改過這句話，使它看起來是更肯定的，更絕對的，更強調的，更確定的，更毫無疑問的。但是成道的師父是神秘的；他們的話語是神秘的，而不是精確的。那些話語可以有一千零一種意義，每個人都會依據自己的理解來解釋。

自我主義者會聽到一樣的話語，但是會做出不同的解釋。無自我的人會聽到一樣的話語，但是對他們而言，那些話語將會有一種完全不同的意義；那些話語將會以完全不同的旋律縈繞著他。當天空開始下雨，雨水會下在山脈上，也會落在山谷裡，雨水落在各地；但是山脈仍然保持是乾燥的——它們已經太充滿了。

但是當雨水落在山谷裡，山谷變成了湖泊。它們是空的：它們可以吸收，它們可以容納。山谷是女性的；山脈則是男性的。山脈是自我主義的；山谷是謙遜的。

當師父說話的時候，會有很多種聆聽者。第一種是好奇的人，只是出於好奇；他只會聽到平凡的東西，不需要的東西，無意義的東西，但是那些東西卻對他很重要。他只是因為錯誤的原因而在那兒。他會收集所有資訊，但是那些東西都只是表面上的。

第二種人是來學習更多知識和資訊的學生。他會比第一種人聽到多一點，但是他的興趣仍然在於那些資訊。他不準備要轉變，他不準備要改變；他還沒準備好要走那麼遠。他有一個底限，他不會超過那個底限。他是為了更多知識、累積更多東西、他以為現在他知道得更多了。事實上，他什麼都不知道；他只是變得更見多識廣——而資訊不是知識。轉變才是知識，真正的知識；資訊是虛假的東西。

第三種人是弟子，他聆聽的方式比前面兩種人還要深入。他的聽不是為了收集知識；他想要轉變，但是他對於轉變的涵義有一個特定的概念。他想要進入那個超越的，但是他已經有了一個方向，一個他預先做出的結論。他帶著結論而來，他已經預先認定了轉變的涵義。他不是完全接受的——只有一部分的接受，只接受某個方向。

有些人寫信給我：「我們想聽你說更多關於神的愛人的事，像是蜜拉、柴坦雅、卡比兒，因為當你談論他們的時候，我們的心受到很大的感動，我們的雙眼開始流下喜悅和祝福的淚水；顫動了我們存在的核心。但是當你談論佛經，它們很枯燥乏味，邏輯的，似乎比較吸引知識份子而不是訴諸感情的人。」現在，他們只有一部分的接受。

當我談論蜜拉、卡比兒和魯米，有些喜愛佛陀的人開始寫信給我：「這些話語很美，但是不像佛經一樣深奧。每部佛經都有一定的深度！你可以持續的挖掘它；你永遠不會探底。」他們也只有一部分的接受。

這些人都是弟子。但是其中一些人是接受愛的，剩餘的人則是接受覺知的，但是兩者都不是完全接受的。他們會去聽，但是他們會有一個預先決定好的結論。他們聽到的東西會比學生更多，他們會深入的學習，但是那個學習是不完全的。他們知道的東西會比學生更多，但是那個知道不是完整的。

還有第四種人，虔信的人，完全的接受，不會預先做好結論，不論任何季節或氣候都跟師父待在一起。他不做出任何要求，他沒有任何要求。他的聽會更全然，他的聽會是多面向的，但是他仍然不會準確的聽到師父所要表達的。他會是這些人之中最好的聆聽者，但是他仍然不是處於和師父一樣的層面。

然後是第五種，無法形容的…甚至沒有必要去說，沒有必要去聽。和師父坐在一起就夠了。他是否說了什麼並不重要，只要和師父在一起就夠了。在這兩個中心有一些傳達──看不見的，無形的。某些無法說的，無法表達的東西被透露了。只有第五種人有能力談論師父說的話，但是他的談論會是非常有意識的。他會說：「我曾聽說…」

我的感覺是葛玄不會說：「令人尊敬的師父說；」他只會說：「我曾聽到令人尊敬的師父說。」

一個獸醫到了一個義大利農村為一些母牛安排人工受孕。

「女士，」他說：「妳準備好了嗎？毛巾？肥皂？一盆熱水？」

「一切都準備好了，你可以把你的褲子掛在吊鉤上，」那個女人回答。

老師問學生，什麼東西是圓形而且有毛的。一個男孩舉了手說：「椰子！」

「很好！」老師說。

然後派利諾舉手說：「Billiard’s balls。」

「不對，派利諾，」老師回答：「撞球是圓的，但不是有毛的。」

「誰說的，才不是這樣——我看過它們！」派利諾大喊：「你看！」他轉頭對隔壁男孩說：「比爾德（Billiard），給老師看看你的睪丸（balls）！」

上校正對剛報到的年輕軍官進行家族問題的面談。

「如果你的名字是福特思庫，」上校說：「告訴我，年輕人，你的祖父是否就是第六十八萊斯特火槍團的福特思庫？」

「是的，長官，沒錯，」年輕的軍官回答。

「太好了！那你的父親——是否就是第九坎伯藍步兵團的福特思庫少校？」

「是的，長官！」

「你結婚了嗎？」上校問。

「是的，長官。但是我的妻子晚一點才會到——她因為抽筋躺在床上（in bed with cramps）。」

「是和第三十三團的克蘭伯（Cramps of the 33rd）躺在床上？」

一個小男孩和他的父親正在聽演講。

「同志們！」演講人開始說。

「爹地，同志是什麼？」小男孩問。

「同志是那些想法和行為相同的人，」父親回答。

「我們的政府…」演講人繼續說著，小男孩又問：「爹地，政府是什麼？」

「政府是那些負責每個人的福利和做決定的人。例如，在家裡，你媽咪就是政府。」

「…而人民…」演講人繼續說著。

「人民是什麼？」小男孩又問了。

「人民就是需要政府保護的人。在家裡，你的妹妹就是人民。」

當晚，父親被小男孩叫醒，小男孩小聲的對他說：「聽著，同志，告訴政府，人民在這裡拉了一堆屎！」

人活在一個未成熟的狀態；他是幼稚的。生理上，他持續的成長，但是心理上卻不是。更別說他心靈上的成長——光是他心理上的成長就已經是遲滯的，非常遲滯的。

一直到第一次世界大戰期間，在人類的歷史上這是首次，我們發現到人的平均心理年齡不超過十三歲，因為從軍的要求，使人們首次接受了心理測試。結果震驚了全世界。研究人類的人得到如此令人震撼的結果：平均心理年齡只有十三歲⋯⋯

已經七十歲或八十歲的人，心理上卻只有十三歲。那他的靈魂呢？對於他的心靈成長沒有什麼好說的，因為只有當身體和頭腦同步的成長，只有當生理年齡和心理年齡同步的成長，才可能會有心靈的成長，否則不可能會有任何心靈的成長。

人是未成熟的，人是幼稚的。而他們還在談論神、涅槃、成道、道、達摩、真理——他們談論偉大的東西，卻不知道他們的心理年齡跟小孩一樣。他們需要的只是玩具。那就是他們如何對待宗教的：他們的教堂、他們的寺廟、他們的清真寺只不過是大玩具；他們的教皇、他們的商羯羅、他們的阿亞圖拉只不過是一直給他們新遊戲玩的人。他們需要的只是新的遊戲，這樣他們就可以保持忙碌、被佔據。

科學家也不斷的提供一些新玩意，有時候是完全沒有用的小玩意，但是人們隨時準備好購買任何可以填滿空虛的東西。由於這個差距造成了很大的空虛。十三歲的心理年齡和七十歲的生理年齡——這個差距是龐大的。要如何填滿這個差距?要如何銜接這段差距?表面上,他們看起來是非常成熟的,但是稍微刮一下他們,你就會在裡面看見一個小孩,他們會立刻發脾氣。

你看過人們憤怒的樣子,你看不出他們和小孩有什麼差別。你看過人們在爭吵的樣子——丈夫和妻子爭吵,妻子和丈夫爭吵,丟枕頭和其他東西——你只要觀照。你自己可能也會做一樣的事,然後你只是觀照。這種情況發生時,偶爾觀照一下——你在做什麼?這是一個成熟的人的行為嗎?你可能變老了,但是卻沒有成熟,而變老並沒有任何價值:變老只是表示你快要接近死亡了。成熟則是一個完全不同的現象:那表示你越來越接近永恆了,你越來越接近不朽了。變老表示越來越接近墳墓,成熟表示越來越接近神、道、永恆。它們不是同義的;不只是意義不同,它們是完全相反的。

當一個深深的韻律縈繞在你身體頭腦(body-mind)的周圍,你的靈魂首次開始成長。你處於協調的身體和頭腦變成了土壤,你的靈魂開始從那裡面向上生長。否則你會徘徊在身體頭腦的狀態下;你永遠無法超越它。

心理學家不相信靈魂的存在並不是偶然的——原因是他們沒瞥見過靈魂。佛洛伊德自己的行為是非常幼稚的,非常幼稚,非常膽小,就像小孩一樣。他害怕鬼魂,他害怕死亡、黑暗——當他在場的時候,甚至連「死」這個字都不能說。

在他的一生中，曾經發生過兩次，某人開始談論死亡，然後他就昏倒了。只是談到死亡就讓他昏倒了！現在，這個人成了二十世紀的主義提倡家。

二十世紀一直被三個主義提倡家支配著。一個是尼采，已經成了瘋子。希特勒和他的納粹主義和所有世界上的法西斯思想都來自於這個瘋子。

另一個主義提倡家是馬克思，一個完全的無神論者。他從不相信意識的存在，他從不相信有任何意識成長的可能性，因為他沒瞥見過意識。他把它稱為附加現象——只不過是物質的附屬品。如同時鐘，機械般的運作，人也一樣：人只是一部機器。他把人貶成機器。

他自己就過著機械般的生活，完全像機器一樣。他的生活裡面沒有喜悅、歡笑，他的心裡面沒有唱著任何歌曲。他從不知道任何靜心的經驗；他只是活在表面上。但是他成了主義提倡家。共產主義，史達林和毛澤東，狄托和卡斯楚——都是他的副產品。史達林殺了數百萬人的原因是：「人是機器。有什麼不對…？」如果你弄壞了一輛腳踏車、一個時鐘或電扇，並不會造成什麼傷害；不會有人怪你，說你是殺人犯。他可以殺死數百萬人，在他之前沒有人殺死過這麼多人，他不會感到良心不安。沒有任何良心的問題——良心並不存在，意識也不存在。人是物質的副產品，所以當你殺死某個人，物質會消失，再回到物質中。

本世紀第三個主義提倡家是佛洛伊德，他本身就是病態的，他把自己的病態投射到他的心理學裡面。

現在，這三個人成了你生命的背景。你可能知道，你可能不知道，但是這三個人一直站在你後面。在很多方面，這三個人要為這個時代的惡化的人類意識負責。因為這三個人，諸佛幾乎消失了。中國不可能再出現像老子這樣的人；共產主義不會同意。道家的寺院都被摧毀了，變成學校和醫院。道家的靜心者都被強迫到田裡或工廠裡工作。即使是年老的神秘家，七、八十歲的神秘家，也被強迫去做一般的工作，只是因為政府不允許任何人活著卻不工作；只有工作才能讓你有拿麵包的權利。佛教徒都消失了。

在俄國，耶穌是不可能存在的。遲早其他地方也會變成這樣。

因為這些背景，無論我說了什麼，你都是透過內在的無意識來解讀，因為你不是處於觀照的狀態；你幾乎處於一個酒醉的狀態。每種思想體系都使你是酒醉的；真正有意識的人會擺脫這些思想體系，只有這樣他才能超越酒醉的狀態。

有一天，有一個人認為自己有酗酒的情況。於是他去看醫生，醫生對他說：「治療方式必須依賴自我的控制。你回家，試著不喝酒。如果你無法控制自己，你隔天來辦公室找我。這很重要。」

「好的，」那個人說。

幾天後，等到那個人去到醫生的辦公室的時候，他已經醉得很嚴重。

「醫生，我來告訴你我昨天喝醉了。」

「但是你現在也喝醉了！」醫生說。

「對啊，」醉漢說：「但是我明天才會告訴你我今天喝醉了！」

喝醉的人有他的邏輯，對他而言，那個邏輯是非常正確的。

兩個醉漢沿著一條鐵軌上走著，其中一個醉漢說：「我希望這些階梯很快就走完了！」

另一個醉漢說：「對呀！這些欄杆高度好低，我的背痛死了！」

一個德州人旅行到了拉斯維加斯。他選了一個最閃亮的賭場開始賭博，靠著玩二十一點，他很快就開始贏錢。

過了一會兒，他改去玩輪盤。很快的，在他周圍聚集了一群人，看著他不斷贏錢。

然後他帶著贏來的錢和圍繞著他的群眾去了一間豪華套房並開了一個派對。隔天醒來，他還有一點宿醉，旁邊躺了一個帶著平靜笑容的黑人美女。「我的天！」他自言自語著：「昨天的派對真不賴！」他小心的在枕頭下面塞了一把百元鈔票，然後踮著腳離開房間。當他經過客廳時，他看到另外兩個帶著平靜笑容的幾乎全裸的美女躺在那兒。「真不敢相信！」他在她們身邊放了一些鈔票。其中一張鈔票落下並掠過一個女人的臉頰。她慢慢的張開眼睛說：「伴娘不用給小費！」

你繼續做那些事…你會結婚，你會有一份工作，你會是有教養的，你會變成基督徒、印度教徒、回教徒——你會在無意識的狀態下做一千零一件事。如果幸運的話，你會遇到一個師父，你依據自己的無意識狀態來聆聽他的話語。

因此，在我開始說最後一段經文，我要你們隨時記得：永遠不要說師父曾經說；永遠要說你曾聽過師父說。那不是一種形式；裡面有著極大的真理。

人的頭腦的顯現使他了解到這個不變的真理。

翻譯的人仍然犯了很多錯誤。我可以了解他為什麼不斷犯錯，特別是那些很重要的部分。他沒有辦法；他不了解靜心。他說：

人的頭腦的顯現……

葛玄只會說人的意識的顯現，而不是人的頭腦。頭腦必須被拋棄，而不是顯現。事實上，當你拋棄頭腦的那一瞬間，你的意識會開始顯現。但是我們相信頭腦——我們不知道頭腦以外的東西——我們沉溺在頭腦裡面。

在西方的語言中，並沒有很多形容頭腦的字，但是在東方的語言中，有很多形容頭腦的字，適用於不同的目的，因為頭腦的運作方式有很多種。東方已經非常深入到頭腦，而且超越了它。

就好像你去研究愛斯基摩人的語言，你會很驚訝：他們有十二個形容冰的字；沒有任何語言會有這麼多形容冰的字。只有愛斯基摩語有十二個形容冰的字，因為幾千年來，他們一直住在冰原上，他們知道冰有哪些用途；他們知道那些用途的差異，如果不是活在愛斯基摩人的世界，就無法看出那些微小的差異。其他的語言沒有這麼多形容冰的字。

梵語至少有幾十個形容頭腦的字，因為當你越深入到頭腦裡面，你就會碰到更多不同的層面。它們是如此不同以致於無法用相同的名字稱呼它們；它們的不同是品質上的。當你越來越深入，到了一個頭腦被留下而意識還在的地方。那個意識會知道顯現。頭腦無法顯現；它只能封閉。你越沉迷於頭腦，你就越封閉。事實上，頭腦是一個監獄，頭腦越強大，那個人就越痛苦，因為對他而言，會更難離開它。然而我們所有的教育系統都在強化頭腦，加強頭腦。

因此我可以了解翻譯者遇到的困難。但是你必須記得，因為你在這兒，在靜心上下工夫，你的了解會是更深入的。

人的意識的顯現使他了解到這個不變的真理。

這個世界上的一切是不斷改變中的；在這個世界，除非你深入到你裡面，到達你存在的中心，否則你無法找到任何不變的東西。在那兒，你會找到中心，颶風的中心，保持完全不變的。所有的改變都依賴那個中心，所有生死之輪的轉動都是因為那個中心。沒有那個中心，這個世界將會消失。那個中心，那個不變的真理就是這個改變中的世界的基石；它根深蒂固的在那兒。不知道它，就是生活在謊言中，就不配稱為生命。不知道它，你的一生會不斷做著愚蠢的事，你對於不變的真理將會有某種錯誤的見解。

例如，為什麼人們會對金錢非常的有興趣，而不是對友誼有興趣？如果那是一個選擇題，你會選擇金錢，而不是友誼；為什麼？因為金錢似乎是更不變的。你可以依賴它，它是更值得信任的。如果你有很多的銀行存款，它是更值得信任的。誰知道朋友會怎麼樣？今天他是一個朋友，明天他可能就會變成敵人。

馬基亞弗利在他的偉大著作「王子」說：不要說出任何你不想要你的敵人知道的事，即使你的朋友也一樣。為什麼？因為你的朋友隨時可能變成敵人。他還說：不要對你的朋友說出任何反對他的話，即使是你的敵人也一樣，因為敵人隨時可能變成你的朋友。事情一直在改變：朋友變成敵人，敵人變成朋友。

你可以依賴金錢。人對金錢的愛勝過其他東西、勝過愛本身，金錢似乎是更重要的。你可以購買愛；如果沒辦法購買愛，至少可以購買性。但是如果你沒有金錢，你就是什麼都沒有了：你是一個乞丐。有了錢，什麼都買得到。金錢似乎有一定的持久性，一定的穩定性。

人對東西的興趣勝過對人。人會死，東西不會死。人繼續累積東西，因為好的家具、好的畫、好的房子是更持久的——它們可以活得比你更久——但是你無法對人們這樣說。你愛著某個人，明天這個人死了。然後你只剩下空虛，需要很多年才會痊癒的傷口，或者永遠不會痊癒，它會永遠是一個傷痛。

因此人們避免去愛，人們害怕彼此。人和動物成為朋友，而不是和人成為朋友。他們想要有一隻好的狗——更容易掌握的，更值得信任的。無論何時你回到家，牠都會在那兒搖著尾巴歡迎你。你可以打牠，你可以對牠大喊大叫，你可以罵牠，但是牠永遠不會改變對你的忠心，牠會永遠服從你。你無法對人這樣做——人是危險的。因此你會看到越來越多人對小鳥、狗或馬兒有興趣，原因是牠們有一種持久不變的感覺。

卡羅和艾連娜彼此相愛，並想要共度一晚。

「我的愛人，你清楚了嗎？」艾連娜說：「當我父母睡著了，我會往外面丟一分錢，那是信號。我會讓門開著，你就可以上來。」

卡羅在窗外等著。艾連娜終於丟出一分錢，然後她熱切地躺在床上，穿著輕薄的睡衣，等著⋯等著⋯等著⋯

過了半個小時，她走到窗户旁不耐煩的大喊：「卡羅，你到底要不要上來？」

「當然，我的愛人，」卡羅回答：「等我找到那一分錢。」

在十歲的生日那天，亞伯拉罕把他的兒子叫來。

「現在，孩子，」他說：「現在是解釋生命真相的時候了。我們將會從手開始。聽仔細，不要忘了。」

「所以，拇指是用來表示一個很好的交易。食指是用來表示一個交易裡面最好的部分。中指是用來表示權力。無名指只是用來戴著戒指。小指是用來清潔你的耳朵。你知道了嗎？」

「了解了，爸爸，」兒子回答：「但是我想要知道中指的用處——你為什麼說它是權力的指頭。」

亞伯拉罕靠近兒子小聲的說：「孩子，權力的指頭就是，在夜晚的時候，在毯子下面…你用它來算錢！」

為什麼人對金錢這麼有興趣？原因是他們非常需要在不斷改變中的生命裡找

到某個持久不變的東西；他們想要依賴某個東西。除非他們找到自己的中心，否則他們會繼續尋找這一類愚蠢的東西。這些只是可憐的替代品。

真正的東西是意識的顯現，因為它會讓你了解到不變的真理。

在不變的寂靜中，就能找到不變的純淨和安寧。

當你找到內心深處裡的核心，當你的意識之蓮綻放時——印度的神秘家稱為千瓣蓮花——當所有的花瓣都綻放開來，你找到了蓮花的中心，會有一個很大的寂靜，一個永恆不變的寂靜，會有一個很大的純淨、很大的天真和深深的安寧。你已經回到家了。旅行結束了。在尋找自己的過程中，你找到了神。當你到達了自己的中心，你也到達了全宇宙的中心。現在不需要去任何地方了；你已經發現了無窮的寶藏——耶穌稱為神的王國。

人一直試著創造出替代品。你可以透過學習某些瑜珈姿勢來創造出某種寂靜。如果你的身體是靜止的，你會感覺到某種寂靜，但那不會是真正的寂靜；它會被打擾。它可以很容易的被任何事打擾——只有一隻螞蟻順著你的身體往上爬就夠了。任何事情都可以造成分心：只是一隻小鳥的叫聲就會讓你分心。一個小孩在哭、一個小女孩在笑、一隻狗在吠叫，那就夠了。而世界充滿了這麼多不斷發生中的事情。你無法保持靜止太久；遲早會被分心。因為這樣，人們住在修道院，人們逃到山上，住在山洞裡面。但是在那兒也會有些東西打擾到你。

不要逃離這個世界，而是逃到你自己裡面：待在這個世界，因為這個世界是一個很大的機會；它是一個可以不斷測試的地方。它會給你一千零一個機會去了解，你是否達到真正的寂靜或者只是一個強加的現象，只是表面上的，可以被任何事打擾。

你所謂的宗教人士只是表面上的寂靜；任何事都能使他們分心。事實上，那些事情對他們造成的干擾勝過對其他人的干擾。甚至如果你的家裡面有一個人變成宗教性的，他將會折磨全家人——小孩不能玩樂，因為他在做超覺靜坐。小孩不能玩樂，妻子不能工作——為了他，每件事都必須停下來。即使如此，他還是會被任何小事打擾。只要時鐘的滴答聲就夠了，然後超覺靜坐消失了，因為他只是在強迫念誦，重覆著某些聲音或話語。任何更有趣的東西一定會吸引他。如果有人在聽著美麗的音樂，或者有人在彈吉他，都會使他分心，他會立刻受到打擾。原因並不在於吉他，原因是他在做的事情是無聊的，而吉他是更吸引人的。頭腦自然會移向更吸引它的東西上。他正在冥想耶穌基督，然後一個美女經過：現在，看著一個被處以十字架刑的男人……誰想要看一個十字架上的人？一個人會避開這些東西。一個美女經過就立刻吸引了他；使他分心。

那就是為什麼你所謂的聖人一直在反對女人的原因；那只是因為女人打擾了他們的靜心。事實上，那只是表示他們的靜心是非常無聊的，所以任何女人都會打擾到他們。

家裡面有一個人變成宗教性的，開始祈禱、靜心或做某些蠢事，全家人都會害怕，因為他是在做某件偉大的事。事實上，如果他真的是一個靜心者，就不會有分心的問題。

你無法使我的靜心者分心——他們才會使你分心！全家人都會分心。只要開始做動態靜心或亢達里尼，不只是家人，所有鄰居都會被打擾：他們開始打電話給警察。這是完全不同的！完全不受任何小事打擾，相反的，他們都會被你的靜心打擾。

真正的安寧——真正的放鬆，真正的純淨和寂靜——不是透過任何人為的方式強加的；它是自發性的顯現。它是如何發生的？透過了解。道相信了解。試著去了解其他人不想了解的——我們想要避開，我們想要忽略我們的問題。你有了問題——你去找瑪赫西那一類的人，你問他：「我很擔心、憂慮、緊張。我該做什麼？」

他說：「你去做超覺靜坐。你重覆念誦這個：可口可樂，可口可樂，可口可樂。早上和傍晚各念十五分鐘。它會有幫助。」它會幫你壓抑問題，但是只有壓抑；問題沒有解決。問題怎麼能透過重覆念誦「可口可樂」來解決？或者是念誦「嗡」，都是一樣的；沒有差別。事實上，「可口可樂」似乎更甜，更吸引人！兩者都一樣——任何文字都一樣。那怎麼能解決你的問題？你的問題還是在那兒；你仍然必須解決它們。遲早它們會再度浮現。壓抑它們是危險的，因為它們會獲得更多的能量，你所花費的時間都浪費了。

道依賴了解。現在的世界流行兩種方式。其中一個是分析，佛洛伊德分析，以及它衍生出來的許多學派：分析問題，不斷的分析。就像是剝洋蔥：一層剝開了，還有另一層，更新鮮的。把它剝開，還有另一層。整個過程會使你一直流眼淚。這就是代價！但是你的問題沒有像剝洋蔥一樣容易，因為遲早洋蔥會剝完，你會看到最後一層，然後…你的手心只剩下空。但是你的問題沒有這麼簡單。因此心理分析需要七年、十年；然後還是沒有解決。

我從沒聽過任何人——我有好幾百個桑雅士，他們是心理分析師、治療師、有名的治療師——但是我從沒聽過他們裡面任何人完成了他的分析。它是不可能完成的；它是一個無止境的過程。你不斷繼續，剝完一層還會再看到一層。

佛洛伊德習慣進入到你的童年。你在三、四歲的時候開始有了記憶，所以他會進入到那個時候。然後珍勞夫發現那沒有用，你必須更深入，所以有了原始治療。現在你必須再超越他。

兩歲大或三歲大的小孩自然無法說出他的問題；他只能尖叫、踢東西、丟東西。所以原始治療就是踢、叫、喊。珍勞夫認為會有一個最終的尖叫——原始的尖叫，第一個尖叫。

當小孩出生的時候，他做的第一件事就是尖叫；那是生理上的需要。透過尖叫，他清理了所有的呼吸系統；透過尖叫，他把黏液丟了出來。那就是為什麼小孩的鼻子一直在流出黏液：因為當他還在母親的子宮時，他所有的呼吸系統匯集了很多黏液——因為他不用呼吸；他依賴母親的呼吸。當他從子宮出來，他必須靠自己呼吸，而那個系統從未運作過，呼吸系統裡面都是黏液；那些黏液必須被清除，醫生抓著小孩的腳，讓他做瑜珈的倒立式，頭朝著地，然後因為重力的關係，黏液開始流出來。當你強迫某個人倒立，他自然會尖叫，那個尖叫會有幫助：黏液被丟了出來，他開始呼吸。那就是最初的尖叫。

珍勞夫認為：「如果我們能到達原始的尖叫階段，我們就來到源頭了；然後問題就能解決了。」但是現在有些治療師說：「那沒有用，因為在那之前有九個月的時間待在母親的子宮。現在我們必須更深入——這樣問題才能解決。」

但是我要告訴你們，即使那樣也無法解決問題，因為在那九個月之前，你會遇到另一層，你的前世。然後又開始做佛洛伊德的心理分析、原始治療，諸如此類。

已經深入到意識的所有層面的印度神秘家說，在你成為人之前，至少還有八萬四千個前世。現在，如果你完成了八萬四千個前世的分析，你會發現你必須進入猴子的世界…然後是猴子的分析！然後繼續下去…然後你會發現你曾經是一條海裡的魚；那是生命的起源。然後是魚和魚的問題…我不認為心理分析會有結束的一天——那完全是徒勞無益的工作。那是西方的方式。

而東方的方式是：了解到這整件事太冗長，不會有結束，於是略過它。只要重覆念誦咒語，忘了它們。但是藉由忘了它們，並沒有真的解決任何問題。

道是完全正確的：分析或忘記都沒有用，而是要透過觀照、了解、看——清楚的看。它不是重覆念誦咒語或分析。道不相信這兩個方式；它的方法是全新的。然後你會發現，那個了解帶來了轉變。你會發現寂靜、純淨和安寧。

達成純淨和寂靜的人進入到永恆不變的道。

透過那個觀照，透過那個了解，覺知，你進入到永恆的道。道的意思是自然的基本法則，佛陀稱為DHAMMO SANANTANO。這就是存在的基本法則，道。

進入到永恆不變的道的人，稱他為得到道的人。

只是稱呼，葛玄說：記住。我們必須敘述，我們必須敘述那個經驗，所以他立刻說：

雖然他被稱為得到道的人，他知道他並沒有得到道。

因為他已經沒有自我，他又怎麼能得到任何東西？在這兒的我，不是任何人，只是一面鏡子，一個純粹反映一切的鏡子；鏡子無法得到任何東西。你認為鏡子可以得到任何東西嗎？你看著鏡子：它反映出你的臉，但是它不會得到任何東西。當你看著鏡子，鏡子會反映，但是那只是顯現；它沒有得到什麼。當你走開，那個映像就消失了，鏡子又再次回到它的寂靜和純淨。無論它是否反映，它的純淨是保持不受影響的。

不能把意識像鏡子般的二分性稱為得到任何東西——首先沒有自我去得到。其次，沒有東西可以得到——那個得到的概念將存在分成兩半：得到者和被得到者，客體和主體，擁有者和被擁有者，觀察者和被觀察者。但是當你進入到最終的安寧和寂靜中，就超越了所有的二分性；只有一。

事實上，稱他為得到道的人…把他稱為被道得到的人會更適合、更真實。道填滿了你，完全的填滿了你；你變成它的一部分。不是你得到了道，而是道得到了你。但是我們的語言是如此…我們的語言是由那些對得到東西有興趣的人創造出來的。

就在某一天，有人問：「奧修，我的頭腦一直想著如何得到更多東西，更大的東西，如何得到大房子，一個豪宅，如何有更多銀行存款，如何有更長的壽命。」

如果你問佛洛伊德，如果你諮詢西方的方式，他們會說：「這沒什麼。這只是想要有更大的性器官的慾望，就是這樣。」佛洛伊德把每件事和性扯上關係；他似乎對性很著迷。事實上，那是就基督教對於性的看法所做的反抗。兩千年的基督教歷史使人們如此壓抑性，以致於必須有人反抗它。因此佛洛伊德反抗它。但是那個反抗到了另一個極端；每件事又再次染上性的色彩。他以為喜歡大東西的人——大房子、巨大的聲望；高大的身體——這些都只是想要有一個更大的性器官的替代品。某種程度上而言，他是對的——但是只是在某種程度。特別是十八世紀下的西方男人，他是對的；維多利亞時代的道德觀正是來自於此。

但是東方的方式是不同的，也是更正確的。東方說人對更大的東西有興趣是因為他們了解到自己的空虛，他們裡面如此的虛幻不實，以致於他們想要填滿它。然後他們不斷放東西進去，但是那些東西都消失了——然後會需要更多東西。因此會欲求更大的東西以便能填滿那個內在的空。

但是它是無法填滿的：內在的空是你的本性。必須去愛它，了解它，活在它裡面。一旦你了解了，你會開始在它裡面慶祝；沒有必要去填滿它。它是美麗的，它的美是無窮的；沒有比內在的空更美的東西。你只是害怕空的話語和想法，因為這些想法，你不斷欲求更大的東西。事實上，欲求更大的性器官只不過是想填滿那個內在的空！

佛洛伊德如此著迷於性，以致於他開始認為女人在忍受著嫉妒陰莖的苦！那是完全錯誤的。如果她們在忍受著嫉妒陰莖的苦，那應該要說，為了保持平衡，男人也在忍受著嫉妒乳房的苦。但是佛洛伊德從沒這樣說過；他還是一隻男性沙文主義豬。他一定會愛這個故事：

丹麥國王、瑞典國王和菲力浦王子坐在一間酒吧裡面喝著啤酒。最後他們決定以比較誰的陰莖最長來結束這個聚會。

丹麥國王把他的陰莖放在桌子上。有十二吋！於是每個人鼓起掌聲並精神抖擻的唱著丹麥國歌。

然後瑞典國王把他的陰莖放在桌子上。有十六吋！於是每個人尖叫大喊，並唱起瑞典國歌。

最後菲力浦王子把他的陰莖放在桌子上。有二十五吋！每個人開始唱著：「天佑女王！」

只有當他轉變了眾生之後，才能稱他為真正得到道的人。

誰可以被稱為得到道的人？一個知道他沒有得到的人——那是第一個條件——一個知道他被道得到的人，他不再存在，只有道存在。但是要怎麼知道？我們怎麼知道他得到了道？葛玄給了一個美麗的象徵來形容得到道的人。葛玄說：

只有當他改變了眾生（living things）之後，才能稱他為真正得到道的人。

翻譯者又再次犯了一點錯。葛玄一定是說所有活著的存在（living beings），不只是活著的東西。東西並沒有活著，所以才稱為東西。活著的存在…但是為什麼要稱為活著的存在？——因為存在自然是活著的。但是東西是複雜的：所有活著的存在不是活著就是存在著。很多活著的存在是死掉的——看起來是活著的，只是看起來，不是真的活著。

卡羅特太太因為車禍住在醫院裡面。她的丈夫，卡羅特先生，詢問醫生關於妻子的情況。醫生安慰地說：「不用擔心，她會活下來，但是她的餘生可能會是一個植物人！」

很多人只是像植物人一樣的過日子…你知道這兒有三位：香蕉、馬鈴薯和番茄！不能說這些人還活著。即使人們活著，他們也沒有存在。只有當你達到了意識的顯現才能說你是存在的。存在的意思是轉變結束了，不再需要轉變了，你已經到家了。

得到道的人，他的觸碰可以把人變成是活著的，然後再變成是存在的。那是師父所做的奇蹟：如果你允許他觸碰你，如果你任由他取用，他可以喚醒你裡面的生命，並在最後使你覺知到你自己的存在。

唯一能證明一個人得到道的方式，就是在他周圍的人們會開始活在一個完全不同的層面上，在他周圍的人們會變得越來越是生氣勃勃的，開始獲得某種結晶化的存在。得到道的人可以把他的道給予別人，他的作用就像催化劑一樣，如果你和他協調的在一起，你會經歷過轉變，經歷過變化。

能夠了解這個的人，可以引領其他人得到神聖的道。

了解如何把死人變成活人的煉金術的人，了解如何把轉變中的人變成存在的人，知道這個煉金術的人，他可以引領人們得到神聖的道。

「神聖」這個字只出現最後一句經文。這是非常重要的，因為當你使用「神聖的道」這個字，它變成和神是同義的。但是他之前從沒提到這個字，因為如果之前就提到這個字，會使你變成一個崇拜者。而所有的崇拜者都是錯誤的：他們變成了基督徒、印度教徒、回教徒；他們沒有轉變。因此他在最後面才提到「神聖」這個字；「神聖的道」是經文的最後一句。只有當你了解全部的經文之後才能說出這句話；現在你不會變成一個崇拜者了。

崇拜不會有幫助，祈禱不會有幫助——只有靜心，只有了解，只有覺知才會有幫助。形容道是神聖的，那個意思是一切都是神聖的，因為一切萬物都充滿了道。整個存在就是道的表達。除了宇宙之外，沒有別的神了。除了生命之外，沒有別的神了。除了此時、當下、此地之外，沒有別的神了。

第八章 我們可以分享

第一個問題：

奧修，請談談桑傑甘地的死。他尊敬你，他愛著你。就在他死前一個禮拜，他對拉克斯米說他要來看你，同時參觀社區。

安努，桑傑甘地是一個美麗的人，一個非常正直、獨立、愛好冒險的人。他具有冒險精神的活著，也具有冒險精神的死去。事實上，那應該是一個人生活和死亡的方式。他危險的活著，唯一生活的方式就是活在危險中，因為只有處於巨大的危險時，一個人才能超越存在較低的層面。

新聞有報導這個消息，當味味克看到後，她問我這怎麼可能——因為死於飛機失事，他的身體慘不忍睹。所有的骨頭都斷了，他的頭骨也碎了，他的腦漿從頭骨流出來——但是他的表情卻非常的安祥。她很震驚。在如此可怕的意外，一個人的表情怎麼會是安祥的？

但是這裡面有一個值得了解的秘密。當一個人長期承受著疾病的折磨，不斷的思考和擔心死亡，當他死去，他的表情不可能是鎮定和安寧的；擔憂、緊張、對生命的依戀會留在那兒。但是當一個人突然死亡，當死亡的來臨如同一個驚喜，頭腦會突然停止。

我自己遇過很多事故，和我一起遇到那些事故的人，他們都體驗到，當事故真的發生，頭腦會消失，因為頭腦會無法思考。沒有任何可以思考的，沒有辦法思考。頭腦的停止是因為頭腦只能在已知的惡性循環中移動著，而未知的事突然進入，頭腦會完全無法理解，完全無法知道發生了什麼。在深深的震撼下，頭腦停止了；會有一個瞥見到沒有頭腦的片刻。

桑傑甘地的死勝過數百萬長期承受疾病的折磨而死在床上的人，因為他們無法利用死亡的機會。他活著時可能沒體驗過靜心，但是當他臨死時，他一定有嚐到一滴靜心的瓊漿玉液。死亡直接的來到，使頭腦沒有時間思考。這樣的死亡是一個美麗的死亡。

他死後的第一個禮拜，有很多問題來到我這兒。我沒有回答那些問題，原因是那些發問的人沒有在靜心。那些人沒來過這兒，那些人不是我的桑雅士，他們不會了解我在說什麼。

巴委說桑傑甘地的死是因為他的不成熟。那是完全錯誤的。他的成熟度遠勝過莫拉吉德賽。就時間上來看，他很年輕，只有三十三歲，但是時間的年齡不是真正的年齡。他擁有更多的覺察力，更高的智慧，更多的清明。他全然的活著，他活出生命中的每一刻。對他而言那是一個自然的死亡；屬於他的生活方式。

那就是為什麼我完全保持沉默。現在會談論這件事的人都已經說了他們的話，我可以說出我的話了，我的想法是完全不同的。我不對他的死感到難過。沒錯，這個國家會想念他，但是對他而言，他的死是美麗的。這個國家喪失了一個很好的機會，因為他是一個有前途的人，一個很大的希望，因為他有膽量去反對傳統，反對這個國家的傳統頭腦。他是一個鋼鐵般的人——他會反抗傳統，他在學習如何反抗。他也很成功。慢慢的，他掌握事情的能力越來越好。

這個國家確實喪失了一個很大的機會。他是一個當代的重要人物；他沒有任何過去的包袱，他不相信過去。但是就他自己而言，他不可能死於更好的方式。就他這一生而言，這樣的死法是一個適合的結局。

如果不可避免的死於三十三歲算是早死，那麼商羯羅也算早死——他也是死於三十三歲。耶穌也算早死；他也是死於三十三歲。維弗卡南達也算早死；他也是死於三十三歲。活得比較久並不代表什麼；長度沒有意義。意義來自於強度。

那不是數量的問題，而是品質的問題。你能活多久並不會造成任何差別。而是你如何活著，如何深深的活著、全然的活著、強烈的活著、熱情的活著——一切都依據這些來決定。他確實全然的、強烈的、熱情的活著——他冒著各種可能的險；就各方面來看，他都不是一個懦夫。

像桑傑甘地這樣的人，他們死去的方式一定是奇怪的。這個國家需要更多像桑傑甘地這樣的人。好幾世紀以來，這個國家一直是一個膽小的國家。喜瑪拉雅山屬於這個國家——世界最大的山脈——這一百年來，一直有來自世界各地的人去攀爬喜瑪拉雅山的聖母峰。但是沒有任何印度人會考慮這種事：印度人相信保障、舒適——何必冒險？很多人都因為試著要攀爬埃弗勒斯峰而死。

當愛德蒙希拉里要去攀爬聖母峰時，他被問：「你們瘋了嗎？你們為什麼要去攀爬？你能得到什麼？就算你到了埃弗勒斯峰，那兒什麼都沒有！為什麼有這麼多來自世界各地的人想要去攀爬這座山？」：

希拉里說：「因為它在那兒。那是一個偉大的挑戰。它聳立在那兒，從未被征服，那是在挑戰人類的勇氣。它必須被征服——它不是一個要得到什麼的問題。只是一個對人類勇氣的挑戰……」

印度人無法了解。那就是為什麼他們被奴役了兩千年。他們不會去攀爬那座山，他們不會在海裡游泳，他們不會乘著滑翔機在空中飛翔。他們的行為是機械般的，非常算計的。

桑傑甘地是一個好的開始；他是這方面的先驅。他總是對冒險興致高昂。他不適合任何學校，他不適合任何傳統的生活模式。我愛這個人。

我們需要更多可以死於冒險的人。他們的死會喚醒人類的勇氣。如果他們活著，他們會為人們的生活帶來新的品質，新的味道；如果他們死了，他們的死也會帶來某種新的芬芳。因此我不為他難過。我為這個國家難過。對這個國家而言確實是一個不幸，一個大災難，遠勝過尼赫魯的死，也就是桑傑甘地的祖父，因為尼赫魯已經活出他的生命，他已經做了任何他想要做的。就算他再多活十年，也沒有什麼他可以做的；他已經開花了。他是一個詩人，不是一個政客；他也是愛好冒險的。他的女兒英迪拉甘地，有遺傳到他的某些特質，桑傑甘地也遺傳到尼赫魯的某些特質，已經非常深入到他的骨頭、血液和骨髓中。

對這個國家而言，桑傑甘地的死是更大的災難，因為他還可以貢獻更多。他正要綻放；他還沒有開花。他還有很大的潛力。如果他活著，他會是這個國家偉大的總理——他會證明他是這個國家有史以來最偉大的總理——他在各方面都顯示出這樣的品質。

因此，就這個國家而言，安努，那是一個災難。但是對他而言，他的死是美麗的。對每個人而言，他臉上安祥的表情會是奇特的——不只是味味克，而是每個人……看過他的表情的人一定會覺得奇怪，他為什麼看起來如此鎮定、安祥和平靜？

你必須了解這類事故的心理學。頭腦對於日常事務非常熟練；它會繼續喋喋不休。只有當某些震撼發生，某些無法理解的，那時候頭腦才無法涉入。事實上，那就是冒險的誘人之處。那些登山的人知道這點，那才是真正吸引人的地方。那個吸引人的地方不只在於登上那座美麗的山，周圍有著壯麗的景象——那不是重點。更深入到裡面，會發現到某些心理特質。當你在登山的過程中，可能會有一千零一種危險。當你處於這些危險中，你的頭腦會停止活動。你會突然變成覺知的。有一個很大的警覺和平靜。你必須非常小心的、有意識的走出每一步。那就是靜心的一切。

在我童年的時候，我常和朋友去河邊。在河邊有一條小路。走在那上面非常危險；只要任何一步不小心，你就會掉進河裡，而且那是那條河最深的地方。很少人會去那兒，但那是我最愛的地方。我會帶上我所有的朋友去那邊。很少人會準備好跟著我走那條小路，但是那些少數跟著我走的人，他們都擁有一個美麗的經驗。他們都說：「奇怪，頭腦怎麼會無法思考！」

我會帶朋友去鐵路橋，從上面跳到河裡。那是危險的，非常危險；它是被禁止的行為。總是會有一個警察站在橋上，因為那是人們常常自殺的地方。我們必須賄賂那個警察：「我們不是要自殺，我們只是來享受跳水！」慢慢的，他發現來的都是同一群人——他們不是來自殺或什麼的，他們常常來，他們對自殺沒興趣。事實上，他開始喜歡我們，不收賄賂。他說：「你們可以來跳——我不會監看那一邊。你們隨時都可以來。」

那是危險的。那座橋很高，從那兒跳下去…在你碰到河之前，會有一些時間——從橋上到河裡面會有一個間隔——頭腦會突然停止。

這些事是我初次對靜心的瞥見；那就是為什麼我越來越對靜心有興趣。我開始研究如何得到這些片刻，而不用透過登山、到河邊或橋上；一個人要如何讓自己進入到這些空間裡面，不用去到任何地方，只要閉上眼睛就可以。一旦你經驗過，那就不難了。

桑傑甘地的死是美麗的。他會出生在一個更高的層面，因為他死於頭腦不再運作的片刻。他的死亡如同靜心者的死亡，他不知道發生了什麼事。當然那不是一個有意識的靜心，但是裡面仍然有一些靜心的品質。他的來世會擁有更高的品質。也許他的來世會對內在的冒險更有興趣；他這一世是對外在的冒險有興趣。他是一個外向的人。

他想要來這兒。我被告知很多次，他想要來這兒，他看過所有靜心村的幻燈片。他和拉克斯米、英迪拉聊天和討論，他非常想要來這兒看看。

但是我感覺他這一世是一個比較外向的人。然而他的意外死亡為他帶來一個轉變：他的來世會是一個內向的人，那是很重要的。

英迪拉甘地一定很難過。她無法了解我們是如何在這兒慶祝死亡的。她也想要來，她已經想了好幾天。現在她決定八月過來，但是桑傑的死可能會延後她的來訪。她對靜心有興趣，但是顯然的，她過於被俗世的問題佔據。這個國家有很多問題，幾乎無法解決的問題。

這個國家的狀況是，如果你解決了一個問題，你同時也創造了十個其他的問題。它是一團混亂！如果你真的想要解決問題，人們會反對你。她對拉克斯米說：「我非常同意奧修，必須降低人口，但是那只能透過強迫的方式。我們試了，但是沒有用，因為這個國家是一個民主國家：人民會變成敵人，然後你就無法再掌握權力。」莫拉吉得賽在任的三年中沒有做到的，英迪拉和桑傑努力了五年，他們終於做到了。但是現在問題又一樣——甚至更糟。

現在中國擁有世界上最多的人口，但是到了本世紀末，印度會擁有最多的人口，因為中國不是民主國家，而且他們採用各種手段來降低人口的成長。他們成功了。

到了本世紀末，印度會是世界上擁有最多人口的國家，當然，它會有最大的問題——幾乎不可能解決的問題。它們可以立刻被解決，但是要解決它們，你就得和為了自己的利益的人民對抗。他們會反對你。他們反對我的原因是，我所說的是有幫助的，但是那違反了他們的傳統，違反了他們的傳統頭腦。

桑傑在這個國家創造出的敵人遠勝過朋友，原因是他真的想要幫助這個國家。他對這個國家福祉的興趣勝過成為一個受人愛戴的領袖。如果你想要成為一個受人愛戴的領袖，你必須成為你的跟隨者的跟隨者；你必須說他們想要聽的。他創造的敵人勝過朋友，他是最被討厭的人，原因是他擁有想要幫助這個國家的偉大夢想。他擁有一個明確的遠見——他走在正確的路上。

而這個國家的所有蠢人一定會很快樂：「太好了，他終於死了！」現在他們可以繼續活在他們舊有的愚蠢和迷信裡。

聽到他們在他的葬禮中唱誦吠陀咒語使我很驚訝；那是不對的。他根本不喜歡那些東西。他沒有信仰任何宗教。他確實相信禮拜，他認為禮拜是接近神的唯一方式——他是對的！現在他們在做著各種愚蠢的事，英迪拉是如此的震驚以致於她看起來神情恍惚，什麼話都沒說。印度教士，印度僧侶立刻接管了唱誦；掌控著⋯⋯

那些反對他的人現在卻在讚美他。人是如此的愚蠢，如此的無意識，如此機械般的；他們不知道自己在做什麼。如果他們支持這個年輕人，他對這個國家會是一個祝福。但是他們用各種可能的方式阻止他。法院裡面至少有上百件控告他的案子。連續三年，他從一個法院去到另一個法院。他一直被任何能騷擾他的人騷擾著，但是他面對這些騷擾，沒有感到任何壓力和緊張；他接受這些是他生命的一部分。

如果你想要改變人們，如果你想要為他們的生命帶來一個基本的改變，如果你想要帶來一個革命，你必須接受這些事是你的命運；它們是無法避免的。

我們需要更多跟他一樣的人，特別是這個國家。應該有更多年輕人死於登山、死於在天空飛翔、死於潛水、死於探索那個未知的——先是外在的，然後是內在的。

我的工作是完全不同的——它是內在的——但是就基本上來看，桑傑甘地會完全同意我。我相信冒險。當然我不認為我的桑雅士應該去登山，因為我知道還有一座更大的山峰在你裡面等著你。我不會鼓勵你去乘坐滑翔機，因為你裡面還有一個更大的天空，更未知的，未探索過的，地圖上沒有標示的，航海圖上沒有標示的。本質上來看，它們是相同的。

對我而言，冒險的品質就是宗教性的品質，它是一個靈性的品質。無論你是在外在上或內在上使用它都無所謂。但是我愛所有冒險的人，我愛那些擁有足夠勇氣的人，活在危險中的人——他活在危險中——當然，在危險中，你隨時和死亡生活在一起。那就是危險的意思：生命的每一瞬間也是死亡的每一瞬間。

安努，你要我談談桑傑甘地和他的死。

死亡是一個幻象，死亡從未發生——只是外形上的改變。由於我們太過於認同外形，所以我們感到非常痛苦。一旦知道你不是身體、不是頭腦，你就知道沒有死亡，你是永恆的。每個人都是永恆的一部分。

這個世界只有兩個幻象，它們也不是真的有兩個，它們是同一個幻象的兩面。一個是自我，它是虛假的；它給了你虛假的概念：「我和存在是分開的。」由於這個幻象而產生了另一個幻象——死亡的幻象。你和存在不是分開的，所以你怎麼會死？波浪和海洋並不是分開的；它也不可能會死。沒錯，有時候它會顯現，有時候它會靜止，回到未顯現的狀態。

並沒有死亡，安努，記住它。但是我不是說相信我；我要你去經歷過。死亡不存在。只有生命和永恆的生命存在。

第二個問題：

奧修，我生下來的時候是一個基督徒。但是後來我相信印度教才是正確的宗教，所以我成了一個印度教徒。我被克理虛納意識運動的創立者點化而成為印度教徒，他給了我一個新的名字。但是聽了你說的話，我感到非常困惑。請指引我，告訴我應該知道的。

高帕達，有很多事要了解。第一件事是：沒有人生下來的時候會是基督徒、印度教徒或回教徒。你生下來的時候只是一個純粹的意識，不附屬於任何東西。

你在一個印度教徒、基督徒或回教徒的家庭長大；那是另一件事。那和你的出生無關；那是你的父母給你的制約。

無論什麼時候，你受到任何人的制約，你會感覺到一個深深的抗拒。那是正常的；這裡面沒有錯，完全沒有錯，因為那個孩子想要保持自由，但是當父母讓這個小孩成為基督徒、猶太教徒、印度教徒或印度教徒，等於是在他周圍畫上一個小的圓圈。他們使小孩受到限制；他出生的時候是沒有限制的。他出生的時候是自由的；現在他們限制了他的自由。他出生的時候是敞開的，像一朵蓮花一樣的敞開；現在父母、社會、教育體系、教會，他們試著把他關起來，為他打造一個監獄。沒有人喜歡——沒有人會喜歡——那是違反自然的、那是違反道的。

自由是我們與生俱來的愛，因此小孩開始反抗。他必須壓抑他的抗拒；他無法說出來，因為他必須依賴父母。他是完全無助的；沒有他們的幫助，他無法活下去。對他而言，那是一個生存的問題，因此他必須妥協；他對父母讓步，只是為了生存。等到他可以靠自己生活了，他早就被制約了。現在他周圍的牆壁太厚了，在那些牆壁內住了二十五年，幾乎是一個人一輩子的三分之一，而且是最重要的三分之一，這個人會攜帶著這些牆壁。他會開始接受它們，甚至開始和它們保持關係。但是在無意識中，那個抗拒繼續著。一旦有任何機會去反抗你的制約，你不會錯過那個機會。

那就是你的情況，高帕達。

你說：我生下來的時候是一個基督徒⋯

沒有人生下來的時候是一個基督徒——你是被以一個基督徒的方式養大的，你一定攜帶著一個很深的抗拒。接觸到印度教使你相信它的正確性。這是哪一種接觸？它只是智力上的。當然，就智力而言，東方的宗教比西方的宗教更吸引人，因為東方在意識上的探險所花的時間遠超過西方。東方的科學是幼稚的，西方的宗教也是幼稚的。東方的宗教是非常成熟的；西方的宗教則是非常幼稚的。

最偉大的宗教誕生在印度——印度教、佛教、耆那教；它們飛行到人類的最高意識。回教、猶太教、基督教遠遠的落後；智力上而言，它們是無法令人信服的。和佛教、印度教、耆那教相比，它們看起來非常原始。

你一定是在智力上被説服。但是智力上的相信不是真正的相信；它仍然處於頭部。你只是從另一個監獄換到另一個監獄——也許是更大、更好、更多設施的監獄——但是監獄仍舊是監獄。如果你真的是叛逆的，你不會從一個監獄換到另一個監獄，你會直接離開所有的監獄。

那就是為什麼你在這兒感覺到非常困惑，因為我在這兒不是要把你的宗教轉變成另一個宗教——高帕達，也許你會很想這樣。但是我的桑雅士完全不屬於任何宗教；他們有一種宗教性。他們是宗教性的，但是不屬於任何宗教。

宗教對我而言是一種品質——不是一個哲學或宗教體系。我反對人們從基督教改信印度教或從印度教改信基督教。我反對改變信仰；它們都是愚蠢的。

一個波蘭上尉把所有人叫到軍營裡。

「好，士兵們！今天我們要更換內衣。科羅思基，你和查布里斯基換！皮蘇思基，你和……」

現在波蘭人終於決定要換內衣了，但是他們是彼此換穿，這是哪一種改變？最好還是穿你自己的內衣——至少那上面是你的灰塵！現在你得攜帶著別人的灰塵了。高帕達，你是波蘭人嗎？

一個波蘭人走進一個醫生的辦公室，他的兩邊臉頰帶著三級燙傷。醫生非常驚訝和關心，問他發生了什麼事。波蘭人說他在家裡燙衣服，然後電話響了。他沒想太多，就拿起熨斗靠近他的耳朵，而不是拿起電話。

「但是你另一邊的臉怎麼燙傷的？」醫生問。

波蘭人說：「他後來又打來了！」

你當過基督徒就夠了——只有一邊的臉被燙傷——現在你又成了印度教徒，這是什麼愚蠢的行為？

對於點化你的這個人，克理虛納意識運動的創立者，帕拉布帕。對於吸引全世界的蠢人，我知道這個人在這方面確實有些天賦。他一定有好幾世是波蘭人！參加克理虛納運動的人之中，我沒有遇過任何有智慧的。現在你從基督教掉到另一個陰溝裡。

兩個波蘭人參加了一個音樂會，但是遲到了。各個國家的鋼琴家正在演奏著。因為他們沒有節目表。所以他們不知道這些鋼琴家分別來自於哪一個國家。其中一個波蘭人突然說：「那個是波蘭鋼琴家。」

「你怎麼知道？」另一個波蘭人問。

「很簡單。他的行為跟其他人一樣，除了其他人都是把自己的凳子拉近鋼琴，他把鋼琴拉近自己！」

你知道波蘭傘兵後來怎麼了嗎？他錯過了地面！

高帕達，你現在感覺到有點困惑是好的。那表示智慧的出現，因為除非你有點智慧，否則你無法困惑。你無法讓一顆石頭感到困惑：困惑表示某個智慧出現的跡象。不用擔心——你還有一點生氣。你裡面的一部分仍然是有智慧的，那就夠了。我們會抓住那部分，我們從那兒開始改變你——不是讓你改信另一個宗教，只是讓你覺知到宗教和信仰無關，不管是印度教、基督教或回教。

宗教是一個革命——從頭腦來到沒有頭腦的革命，從黑暗到光明的革命，從死亡到永恆的革命。宗教是你內在形態的基本改變。你所做的只是用新信仰取代舊信仰。但是我不認為那會有什麼差別。你原本膜拜耶穌基督，現在你膜拜克理虛納；但是膜拜者都是同一個人，那個膜拜是一樣的。你沒有改變——你無法透過這個方式改變。你可以去教堂，你可以去寺廟，但你是同樣的人。只是從去教堂改成去寺廟，你覺得對你的意識會有任何轉變嗎？不可能如此容易。它需要大量內在的工作，它需要很大的覺知。那不是用一個信仰換掉另一個信仰的問題，那不是用一個偶像換掉另一個偶像的問題，那不是尋找替代品的問題。

基本的問題是如何不認同身體，不認同頭腦，如何知道你只是一個觀照者。一個山頂上的觀照者，一個雲海上方的觀照者，不認同任何雲朵，完全的超越，超越那個超越的。

我的桑雅士不屬於任何宗教，但是所有的宗教都屬於他們。他們是巨大的：他們可以吸收耶穌和克理虛納裡面美麗的部分。何必把耶穌換成克理虛納？——

因為耶穌有一些美麗的部分是克理虛納沒有的，而克理虛納有一些美麗的部分是耶穌身上看不到的。如果耶穌、克理虛納、穆罕默德、摩西、查拉圖斯特拉、老子、葛玄、卡比兒、巴哈丁都成為你內在存在的一部分，你將會是更完整的。沒有必要這麼吝嗇。你的意識如此的巨大，它可以容納整個宇宙，整個天空。連天空都不是問題！

那就是我在這兒的整個努力：使你越來越有全面的宗教性。克理虛納有些部分是美麗的——笛子、歌曲、慶祝——是耶穌沒有的。但是耶穌也有些重要的部分——十字架、犧牲、如此樂意的準備去死、口中祈禱著：「天父，原諒這些人，因為他們不知道他們在做什麼，」帶著這樣的慈悲、這樣的寬恕。沒有必要拋棄耶穌。何不讓空間大到使他們都成為你的一部分？他們是不同面向的。你會錯過佛陀——平靜和鎮定。你也會錯過菩提達摩——他的大笑。你也會錯過蜜拉——她的舞。

何必選擇？為什麼不是這個就是那個？為什麼不愛所有美麗的？你可以愛玫瑰，你可以愛蓮花，你可以愛各種花朵。這些都是神的開花。

高帕達，你感到有點困惑是因為你想要我給你另一個替代品，我不會這樣做。我會讓你是寬敞的，我會讓你對各種可能性敞開。

一個宗教性意識可以容納所有過去已經發生的、現在發生中的和未來將要發生的。那個無邊無際是真正的改變，它會帶你進入神的殿堂。而神有很多道門——耶穌說：神的宮殿裡有很多房間——它可以容納矛盾。

你的擔心是因為你在這兒看到很多矛盾。當我談論蜜拉的時候，我會談論愛。當我談論佛陀的時候，我會談論靜心。當我談論道的時候，我會談論超越愛和靜心。你將會困惑，你會認為我是矛盾的。我不是矛盾的，我只是沒有邊際——我可以容納矛盾。我所有的努力就是使你在這樣深深的同步性中容納所有的矛盾，以致於對立者變成了互補者。然後你內在的噪音就會消失，一個旋律升起了。那個旋律，那個和諧，就是祈禱。

第三個問題：

奧修，你做過最難的工作是什麼？

沙加拉，我都在早餐前做最困難的工作。那就是起床！

你聽過有一個人的名字叫Will Knott嗎？但是他很懶惰，他簽名的時候總是寫Won’t。

我是同一種人。對於懶人而言，我是引領他們成道的嚮導！

第四個問題：
奧修，人不能透過模仿別人來學習嗎？

拉瑪克理虛納，那就是人學習的方式，但是那也是人為什麼仍然愚蠢的原因。到目前為止，人唯一用過的方法就是模仿別人。那會使你是博學的，但是不會使你是有智慧的。那會使你更見多識廣，但是不會釋放出你的智慧。就外在的世界而言，那會使你更有效率——你會成為一個更棒的技師，一個更好的修理工人——但是就內在的面向而言，如果你模仿，你會變得越來越愚蠢。

有些事可以透過模仿來學習：例如語言，你必須透過模仿來學習，否則你不會知道任何語言。必須透過別人來學習科學。但是內在的世界是完全不同的；它遵從一個完全不同的法則。在那兒，模仿是一個障礙而不是一座橋，是一面牆而不是一座橋。在那兒，你必須自己學習。

但是在內在的世界中，人們也繼續做著相同的模仿，所以他們開始模仿佛陀，他們開始模仿耶穌，他們開始模仿馬哈維亞，他們的一生只是一個副本。他們變得越來越愚蠢。他們無法找到他們的本來面目。

你可以像佛陀一樣的坐著，你可以像佛陀一樣閉上眼睛，你可以用同樣的姿勢，你可以坐在同一種樹下，你可以吃同樣數量的同一種食物，你睡覺的姿勢可以像佛陀一樣，起床的時間跟佛陀一樣——在所有細節上，你都可以做得跟一個佛一樣，但那都是演戲；不會使你覺醒。

一個小兔子將要成為成年的兔子，所以牠父親說：「今天我會教你如何和淑女交際！」於是牠們去了一個花園，遇到六隻美麗的雌兔。

「看著我，」父親說：「觀照！覺知！」

「哈囉，女士，」父親一邊跳向第一隻雌兔一邊說。過了一會兒，牠的談話結束了。牠說：「再見，女士！」

然後牠跳向第二隻雌兔，有禮貌的說：「哈囉，女士，」然後：「再見，女士！」

然後一直下去，非常非常慢……

當牠結束之後，牠跳向兒子。小兔子似乎很興奮。「你了解嗎？」父親問。

「噢，當然！」小兔子說。牠快速奔向那些雌兔：「哈囉，女士，再見，女士！哈囉，女士，再見，女士！哈囉，女士，再見，女士！哈囉，女士，再見，女士！……哈囉，爹地，再見，爹地！」

模仿會使你非常愚蠢，沒有智慧。那是一般人的方式。要覺知這一點。在內在的世界中——那是我關心的世界，你在這兒就是為了要尋找那個世界——模仿一點幫助都沒有。你必須完全的、全然的、徹底的拋棄模仿，因為每個人是獨特的，如此獨特以致於如果他模仿任何人，他會失去他的獨特性，而那個獨特性正是他的靈魂，他的存在。他的神就隱藏在那個獨特性之中。

你沒發現耶穌這樣的人只出現過一次嗎？兩千年來，多少人試著模仿他？有數百萬人。有多少人成為耶穌基督？一個都沒有。同樣的情況也發生在查拉圖斯特拉、老子、佛陀、馬哈維亞、克理虛納。這些人沒有重覆出現過，並不是沒有人嘗試；人們試過各種可能的方式。數百萬人試著像佛陀一樣——誰不想像佛陀一樣？——但是他們都失敗了，完全的失敗。不該學習這樣寶貴的一課嗎？

只要開張你的雙眼，去了解神從沒有創造過兩個一模一樣的人；祂不會重覆。祂真的是一個創新者。

曾經發生過：

有一個人買了畢卡索的畫。它非常昂貴，要一百萬元，但是他很清楚那是真的畫——他知道的原因是，當畢卡索在畫這幅畫的時候，他是見證人。當他買了這幅畫，他很高興——他是畢卡索的朋友——他去找畢卡索，拿這幅畫給他看，並對他說：「我已經買到你的畫了。當然它花了我一筆錢，但是我非常高興，因為我買到你的一幅原畫。」

畢卡索看了畫說：「這不是原畫——這是複製品。」

那個人愣住了。那他如同被搶了一百萬元！他說：「你說什麼？——我親眼看見的！你畫這幅畫的那些日子，我都跟你待在一起！」

在那些日子和畢卡索住在一起的女人也說：「你一定是在開玩笑，因為我也記得。你自己完成這幅畫的，你的朋友也和我們待在一起。」

畢卡索說：「我很清楚是我畫了這幅畫，但是它不是原畫，因為我以前也畫過一樣的畫。無論是我或某人畫了這幅複製品，那都沒有差別；它是複製品，它不是原創的。沒錯，是我畫了它，但是它是重覆的作品。我不會把它稱為原畫。」

神是不會重覆的；祂一直是原創的。

慶祝這個事實，拉瑪克理虛納，祂創造了你，一個原創的存在。你不應該是某個人，你是你自己。即便是那個想要成為某個人的努力和慾望——那對神是不敬的，那是不感激神的。要感謝神、感激神，祂從沒有創造過像你一樣的人。不要因為模仿而錯過機會。

人為什麼要模仿？——因為他們不信任自己的智慧。他們擔心如果靠自己來行動，他們會犯錯，所以最好跟隨某個知道的人。跟隨某個知道的人是生命中最大的錯誤，因為那樣你就無法成熟。人透過犯錯而成長。

盡可能犯更多的錯。每天犯下新的錯誤——讓那些錯是有創意的，創新的。只要記得一件事：不要再犯同樣的錯；那是沒有智慧的。但是如果你是第一次犯那個錯，它是美麗的，它是偉大的，因為那會幫助你成長；那會幫助你知道你是誰。跟隨某個人，即使你到了天堂，那個到達也是沒有價值的。你會像一個小孩一樣的到達那兒；你會無法享受，即使在那兒，你仍然是愚蠢的，即使在天堂，你也會繼續做著你的蠢事。最好是掉到地獄裡面，但是保持獨特的，保持是你自己；那麼即使地獄也可以變成天堂。

在三十年快樂的婚姻之後，沙蒂臨終前躺在床上。醫生已經放棄了。她可愛的丈夫，梭爾，流著淚喊著：「噢，沙蒂，告訴我，有什麼我可以做的嗎？」

躺在床上的沙蒂小聲的説：「噢，梭爾，噢，梭爾，我要你為我做一件這些年來你從未做過的事。」

「當然，沙蒂！」梭爾哭著説：「我會為妳做任何事，我的沙蒂！」

「梭爾，我要你親吻我兩腿之間的地方。」

「噢，沙蒂，我不能那樣做！」

「噢，梭爾，你説你會做任何事！」

於是勇敢的梭爾同意了，開始親吻她的兩腿之間。

突然間，沙蒂的氣色紅潤了起來。她完全的復原了，並從床上跳起來大叫：「噢，神奇的梭爾！」

但是梭爾垂著頭，坐在地上哭著，捶打著自己的胸部。沙蒂問：「梭爾，怎麼了？」

梭爾哭著説：「噢，原來我可以拯救我的母親和妹妹！」

拉瑪克理虛納，稍微用點智慧。在外在的世界中，不論你想模仿或做任何事，就去做。但是在內在的世界中，保持原創的，保持你真正的自己。

我要我的桑雅士達到他們獨特性的最高點，任何人無法與之相比的。那就是為什麼我不給你們任何戒律：我要你們找到自己的戒律。我會幫你們變得更有意識，但是我不會告訴你們去做什麼；那必須來自於你的意識。我不會給你十戒，我不會為你們制定原則和規範。你們都想要有原則和規範，因為那是比較容易的：我告訴你們：「做這個，不要做那個，」你不需要用到你的智慧。那非常好：你信任我，你繼續做我要你做的，但是那只是在控制、壓抑；那將不會有自由，不會有意識。

在自由的世界中，第一步也是最後一步。你必須從第一步開始。如果在奴役中開始了第一步，最後一步也會屬於奴役的一部分。必須在無限的自由中開始第一步。

如果你待在這兒，你是因為你自己而待在這兒。如果你是桑雅士，那是來自於你的臣服，那是你自己的決定，那是你自己的承諾。我不會要求你任何條件，我也不要你對我開出任何條件。

就在某一天，我收到一封信：一個要求成為桑雅士的人採取了非常侵略性的方式，彷彿他在幫忙我一樣。他寫給我的信，一點都不像想要臣服的人，而是在下命令——每個字都是暴力的。他說：「今天就讓我成為桑雅士。我不能等了。

同意或不同意。我不想要遵循安努的建議；我不想要做其他人叫我做的事。你只要告訴我，你今天是否要讓我成為桑雅士。今天下午我就要答案！」

這是一個想要成為桑雅士的方式？這是我這輩子第一次必須說不——第一次！我點化過一萬五千個桑雅士；這是我第一次必須說不。我很難過必須說不，因為這不是正確的方式。如果你提出條件，如果你要求…今天會是要求成為桑雅士，之後你會要求別的事：「我今天就要成道，就在今天下午！」

我不會對你提出任何要求；請記得不要對我提出任何要求。我在這兒只是因為我的喜悅；你在這兒只是因為你的喜悅。我們的相遇沒有理由。你在這兒不是因為我，我在這兒不是因為你。你在這兒是因為你自己，我在這兒是因為我自己。我們的相遇是美麗的——我們的相遇是一個巧合。

我們可以分享。我可以分享我有的，但不是強迫給你。你不用遵從，你只需要了解。如果出於你的了解，某件事開始在你裡面發生，那麼你就是那個發生的源頭，我不是那個發生的源頭。你甚至不用感謝我。

第五個問題：

奧修，超覺靜坐者有一個進階的悉地課程，他們說他們可以在那個課程中學習飛

行。我看到照片，他們停在空中。他們怎麼做到的？

曼迪拉，你去社區的攝影部門學習一些特效攝影——裡面沒有什麼特別的。巴蒂和占帕，他們會教你。或者如果你想要更瘋狂的，那去找沙加諾；他會教你特效攝影。那都是特效，沒別的了——沒有悉地、沒有飛行、什麼都沒有。

但是愚蠢的人對這種胡說八道特別有興趣。如果超覺靜坐者可以飛，那瑪赫西何必搭飛機？完全沒必要！我們相遇過——我偶然遇到瑪赫西。我在喀什米爾的帕哈甘舉辦一個靜心營，他也在帕哈甘舉辦一個靜坐營。他的門徒對我很有興趣，要我過去他們那邊對他們說些話，所以我去了那兒。我們相遇了。這個人很平凡，沒什麼特別的。他在西方所教導的都是印度很傳統的東西；任何蠢人都知道那些東西。

只要重覆念誦咒語，你就能創造出虛假的平靜。那只是在自我催眠，沒別的了。你不需要去找任何人，你不需要學習任何梵文咒語，你可以重覆念著你自己的名字。你的名字是曼迪拉——你可以一直重覆念：「曼迪拉，曼迪拉，曼迪拉，曼迪拉……」不斷的念。如果你重覆念十五分鐘，你就會有一種平靜的感覺；它是一種非藥用鎮定劑。就鎮定劑而言，它是不錯的，但是它和靜心沒有關係。超覺靜坐既不是靜心也不是超覺。但是現在它不流行了，因為它不流行了，所以必須發明一些新的東西。現在他們發明了悉地，只不過是一種特效攝影。

第六個問題：

奧修，我一直在擔心別人對我的看法，因為我有一個非常長的鼻子。我要如何停止擔心別人的看法？

沙亞瑪，我不認為有誰在注意妳的鼻子——沒有人對我提過。事實上，當我點化妳成為桑雅士，我也沒注意到。看到妳的問題，我開始想：「她在說哪一個鼻子？」每個人都在擔心他們自己——他們為什麼要擔心妳？

桑特寫信給我：「奧修，你說菲力浦王子有二十五吋長的陰莖，而我的陰莖每天越來越小，我很擔心！我會再次成為孩子嗎？」現在，如果桑特遇見妳，沙亞瑪，他會擔心他的問題還是妳的問題？

每個人都有這麼多問題⋯即使像我這樣沒問題的人也沒注意到妳的鼻子，更別說別人了。妳只需要忘了這件事！

待在一個養老院，一切都很無聊，其中一個老女人決定找些樂子，於是她裸奔穿過了休息室。然後另一個打著毛線衣的老女人抬起頭說：「那是米莉嗎？」

「是啊，」她隔壁的老女人說：「她穿的是什麼衣服啊？」

「不知道，」第一個老女人說：「但是她的衣服真的需要燙一下！」

妳不知道什麼才叫長鼻子⋯⋯

整排士兵準備好迎接將軍的巡視。上尉事先檢查，他上下打量每個人，確認一切都是井然有序的。他突然轉頭對下士說：「那個第二排的長鼻子士兵不能排到第三排嗎？」

「他一直都在第三排，上尉！」下士回答。

不用擔心別人。而且長鼻子有它的美！表示有智慧！妳看看猶太人──他們的智慧是從哪兒來的？長鼻子和短陰莖！現在桑特應該要擔心了。因為隨著陰莖越來越短，鼻子也會越來越長──因為必須有地方讓它出來！妳是一個女人，所以完全不用擔心。如同全世界參加過解放運動的女人所說的：要有自信！到處去展示妳的鼻子。不用擔心。鼻子長有什麼問題？這樣妳就能做到更好的調息靜心。妳會擁有更好的、更強壯的肺部，妳會活得更久。長鼻子沒有任何問題。

一個好色之徒走到一間旅館的櫃檯旁。他的手臂上站著一隻雞。

「有房間可以讓我過夜嗎？」他問。

「有的，先生，」服務員回答。

「那我要兩間，謝謝！」

妳錯過重點了！

這就是自信。何必擔心人們？如果妳愛雞，妳就愛雞！

是神給妳一個長的鼻子。祂一定有某個目的。享受它。不要試著把它藏起來。展示它。下一次當妳來這兒，在妳來之前，請先通知我，這樣我也能看看它。

我喜愛各種獨特的事物！

第九章 幫助我離開這根柱子！

第一個問題：

奧修，為什麼我不能了解你顯示給我的，我的問題在哪兒？

維須法，那不只是你的問題，這也是每個人的問題。這是全世界的人都有的問題；那和個人無關。是頭腦——頭腦曚蔽了你的洞察力。頭腦的意思是你的過去、你的記憶、你的偏見、你的制約；所有你被教導的、被告知的、被教育的——那些東西形成了障礙。它不讓你清楚的看，它甚至不讓你聽到我說了什麼。你在這個片刻聽到的，在下一個片刻，它就變成了別的東西。頭腦會曲解它。除非你把頭腦放到一邊，否則你無法看。這是每個人都有的問題：它是無法避免的。

每個社會都必須把一些思想灌輸給小孩。小孩不能沒有它，否則他們會無法生存，他們會活不下去。提供一些教育給他們是絕對需要的，但是那些教育也變成了他們內在洞見的障礙。它是必要之惡。

宗教的功能就是移除掉社會不得不做過的事。

我不是要你們不使用頭腦。當你需要的時候就使用它，但是不需要它的時候，也能把它放到一邊。在這兒和我在一起，成為一個桑雅士，待在這個佛境，你可以把頭腦放到一邊，你可以赤裸的面對我。只有這樣，你才有可能聽到我說了什麼，看到我為你顯示的。

它是困難的、費力的，因為我們已經非常認同頭腦；我們非常接近頭腦，似乎在我們和頭腦之間沒有多餘的空間。我們不知道什麼是什麼，我們不知道意識從哪兒開始，我們不知道頭腦會在哪兒結束。它們已經混合在一起、糾纏著、摻雜著；已經無法分辨它們的界線。在意識和頭腦之間已經沒有清楚的、明確的分界線。

學習去觀察你的思想過程會幫助你創造出空間。觀察會創造出你和頭腦之間的距離。觀察者會越來越遠離被觀察者；看者和被看者會越來越遠離對方。很快看者就會站在山頂上，而被看者則是處於黑暗山谷的底部，當那個距離如此清楚，就不會有任何問題了。

教育是必須的，不可避免的；頭腦是必須的，不可避免的。但是你的生命會有某個片刻出現，在那個片刻中，你了解到某個層次比頭腦更高的東西是必須的，你了解到超越頭腦是必須的，超越它是必須的。那就是靜心的整個過程。

透過頭腦聽我說話一定會為你創造出更多的問題，反而沒有解決掉你的問題，因為無論我說了什麼，你都是透過很多成見來聆聽，等它到了你裡面，它已經不是同一個東西了。

一個小男孩和他的父親正站在動物園裡關著獅子的牢籠前。小男孩突然走近籠子，他幾乎快碰到獅子。

站在旁邊的一個男人很快抓住那個男孩並把他帶開。

人群裡面剛好有一個記者，他看到了這一切，決定把這件事報導出來。於是他訪問那個男人：「請問你屬於那個政黨？」

「我是納粹主義的信徒，」那個人回答。

隔天，報紙上出現了這個標題：「一個納粹份子奪走了一個飢餓非洲移民的午餐。」

那就是成見運作的方式。成見會立刻在你裡面做出解釋，它們是如此快速以致於你沒有任何時間考慮。你只能了解你所能了解的，但是這根本不是了解；你是在繞著圓圈。

我對你說的話是你以前從沒有聽過的，是你以前完全不知道的。它是某些神秘的東西，你無法靠自己了解。你必須更覺知，以便你的成見不會干擾，以便你老舊的想法不會進入，否則你會立刻做出結論。

而頭腦是非常愚蠢的，它從來不是有智慧的。頭腦永遠不是原創的——就其本質而言是不可能的——它只能繼續重覆那些它已經知道的老舊垃圾；它無法知道任何新的東西。如果你遇到某個完全新穎的東西，你會錯過它；你將無法看見它，或者你會看到某個實際上不在那兒的東西。

吉拉迪到了美國，幾週之後，他感覺非常需要一個女人。他開始在附近的酒吧搭訕，但是都沒有成功，因為他的英文很差。最後，某個晚上，他和一個路上遇到的女人搭訕，然後那個女人帶他去她的公寓。他們在床上瘋狂的做愛，做到一半的時候，吉拉迪突然察覺他和那個女人都沒有講過任何話，於是他對那個女人說：「小姐，我來自另一個地方（I come from the other side）。」

「噢？」女人說：「我等不及了！」

維須法，如果你想了解我的語言，那麼你將會忘記你的語言。如果你想要和我協調的在一起，你必須忘記你自己。你必須冒很大的險。

所以當博學多聞的人來到這兒，他們完全無法了解任何東西，不是因為他們是無知的，而是因為他們的博學多聞。印度人來這兒是要聽我談論吠陀；而不是講笑話。所以他們很震驚。他們想要聽我談論吠陀和優婆尼沙經裡面的讚歌：那是他們期待的。如此大的期待使他們無法了解這兒所發生的。如果我談了那些經典，他就能放鬆下來，他會感覺他了解了，因為他會以為我在支持他的想法。他來到這兒不是想要了解某些新穎的東西，他來到這兒是為了強化、支持和鼓勵他所相信的。如果我支持他的想法，他會很高興。有一件事可以確定：他的想法對他沒有任何幫助，否則沒有必要來這兒。來了這兒卻還渴望著他的想法能被支持，這顯示出他的愚蠢。

如果你的想法是正確的，你就不用來這兒了；你可以活在你的想法中，你可以實踐那些想法。你一直依賴你的想法生活，但是卻什麼都沒有得到，你的吠陀失敗了。你的優婆尼沙經變成了你裡面的鸚鵡，不斷重覆的現象。你繼續念誦美麗的經文。如果你來這兒是為了尋求支持，為了支撐你崩塌的自我，為了支撐你瓦解的自我，那你來錯地方了。那麼我所說的話會使你震驚；你會立刻封閉自己。你會變成幾乎全聾的、幾乎全盲的。

耶穌一再的對他的門徒說：「如果你有耳朵，那就聽。如果你有眼睛，那就看。」他是在談論盲人和聾子嗎？他只是在談論像你一樣的人，聽力和視力都沒問題的平凡人。他的意思是什麼？他的意思是你的耳朵充滿了這麼多噪音，你的雙眼充滿了這麼多想法（thoughts），以致於不可能進入到你裡面、不可能觸碰到你的心、不可能感動你的心。

我每天都收到很多信件和問題，來自基督徒、回教徒和印度教徒，帶著一定概念的各種人。如果運氣好，他們感覺我說的話符合他們想的，他們會很高興，寫感謝信給我。那些信都是胡說八道；它們和感謝或感激無關，因為看了那些信，可以很清楚的知道：他們並不是同意我，他們的快樂是因為我同意他們。但是那只是巧合。現在，這兒有三千人——我所說的話一定會支持某個人的想法。

隔天，同樣的人又寫信給我——因為一旦我收到某個人的感謝信，我會知道原因；我會立刻在某一天，特別針對他說些話。出於失望，他會再寫一封憤怒的信：「我以為你成道了，但是你沒有！我很遺憾，但是我必須說出事實。」只是隔了幾天，事實就變得完全不同。事實如此容易改變；如果它適合你，那它就沒有問題。

我在這兒不是為了支持你，我在這兒是為了拆解你的頭腦。需要用很多方法來錘擊你。

幾個月前，一個葛吉夫的跟隨者在這兒，尼瓦那的父親，一個老人，他帶著極大的愛和尊敬來到這兒——他一直寫信給我：「在我死之前，我得來這兒，我想要看你。我沒辦法看到葛吉夫；至少我不會錯過見你一面的機會。」他有了一個機會——他籌到一些錢，立刻趕來……他很快樂，因為我說了一些話，剛好滿足了他的期待。

然後帕拉迪帕使他感到心神不寧。她問了一個關於他的問題：「他為什麼不成為桑雅士？既然他是那麼愛你，他為什麼不成為桑雅士？」我只說了幾句話，然後他的喜悅都沒了。他在隔天憤怒的離開——並立刻寫了一封信：「我的幻想破滅了。我從沒想過你會說這樣的話。」

如果我說了一些葛吉夫的好話，符合他對於葛吉夫的想法——無論是否符合葛吉夫，那不是重點——如果那些話符合他對葛吉夫的想法……他從沒見過葛吉夫；如果他見過葛吉夫，也會遇到一樣的事情——他會發怒。如果他沒有來這兒，他這一輩子會繼續愛著我、尊敬我；他會帶著對於我的愛而去世。但是這是什麼樣的愛？這不是真正的愛。

真正的愛擁有足夠的勇氣。甚至隨時準備去死，更別說放棄一點成見了。但是人們執著於他們的成見，彷彿他們攜帶著貴重的財富。

博學多聞的人是世界上最無知的人；無知的人還沒有那麼無知。維須法，你裡面一定攜帶著某些知識——拋棄你的知識。這不是一個攜帶著你的知識的地方。這不是一個你可以收集更多資訊的地方，不是一個你可以變得更有學問的地方。這是一個要變得更天真的地方，然後事情會開始很容易的發生。如果你在無意識裡面攜帶著一些精微的想法，那麼你看起來會一直是——也許不是有意識的，也許不是非常謹慎的，但是會一直看起來是——想要尋求支持的、想要尋求鼓勵的。如果某一件事無法支持，它會造成傷害，它會造成創傷，你會立刻退縮，你會離開我。

這樣的事每天都在發生。人們來接近我，然後離開；他們來接近我，然後又離開。這個遊戲會不斷的持續下去，直到他們終於了解所有的愚蠢和時間的浪費。

一個土著在澳洲內地的一個牧羊場工作。有一天，他騎著馬進了農場，看起來很沮喪，他下了馬後趕到老闆那兒：「嘿，老大，我妻子——她剛生了一個白人小孩！」

「傑基，別急，」老闆說：「這種事常有的。你知道我們這兒有好幾百隻白色的羊，但是偶爾還是會出現一隻黑羊……情況就像這樣。」

傑基想了一會兒說：「好，老大，我不會因為這個白人小孩給你帶來麻煩，但是你也不能說黑羊沒什麼！」

維須法，你問我：為什麼我不能了解你顯示給我的，我的問題在哪兒？

你沒有什麼大問題，你的問題是每個人都會有的：頭腦的問題。如果你是有智慧的，你可以立刻把它放到一邊，就是現在。所需要的只是一個智慧的領悟，只要一瞬間的瞥見。你就離開它了——因為不是頭腦在掌控你，是你在掌控頭腦。

曾經發生過：

有一個人去找塞克法力，一個蘇菲的神秘家，一個偉大的蘇菲神秘家，也是一個奇怪的人。那個人說：「我要如何擺脫我的枷鎖、我的情感關係、我的想法和我的偏見？」

法力有一套自己的回答方式。他沒回答這個人，他反而跑到附近的一根柱子旁，抱著那根柱子開始大叫：「幫助我離開這根柱子！」

那個人不敢相信他看到的——他是瘋子還是什麼？他的大喊聲吸引了民眾圍觀。他們問：「你怎麼了？你瘋了嗎？是你抱著一根柱子，不是柱子抱著你。你可以離開它！」

那個來找他的人也說：「我以為這個人擁有偉大的智慧，但是現在看起來他似乎只是一個瘋子！我問了一個很難回答的問題，一個關於靈性的問題，一個求道者常會遇到的問題：要如何擺脫我的情感關係和想法？這個人沒有回答我，反而抱著柱子大叫：幫助我離開這根柱子！」

法力看著這個人說：「如果你能了解我所做的，你就不再需要任何答案。回家想一想。如果不是柱子抱著我，那麼你的枷鎖也沒有掌控著你——是你在掌控它們。我可以離開柱子——看，我離開柱子了，我得救了！你也可以離開……」

那個人一定也很有智慧——他了解了。有那麼一個片刻，他對那個回答問題的方式感到震驚，但是在那個震驚中，他了解了。那穿透了他的心。

他彎下身觸摸了法力的腳說：「結束了！我問過很多聖人和聖雄，他們都對我說了偉大的道理，但是沒有任何事發生。你瘋狂的回答方式立刻轉變了我裡面的某些東西。現在我不打算再回到過去的生活，我要和你在一起。我已經找到我這輩子一直在尋找的人。我需要像你一樣的人，可以用力打擊我的人，可以讓我看到我的愚蠢的人。」

維須法，你可以在這個片刻就拋棄你的頭腦，因為頭腦無法掌控你。頭腦只是一個機制，一部機器；你可以在任何時候擺脱它。但是你已經對頭腦投資了這麼多，以致於你會執著它，然後你會繼續問要如何擺脱它。門是打開的；沒有人在阻擋你。你自己可以走出來！但是你沒有這樣做，你反而一直問：「要如何擺脱它？」然而，並不存在「如何」的問題。

常常有人問喬達摩佛：「要如何擺脱我的痛苦？」他總是說：「如果你的房子起火，你會問別人要如何離開它嗎？你會等待任何現成的答案嗎？你會查詢經典嗎？或者你會跳出房子？如果門沒有打開，如果門也著了火，你會從窗户跳出去。你甚至不會擔心從窗户跳出去看起來有點奇怪。如果你在浴室洗澡，沒有穿衣服，你甚至不會擔心只用一條毛巾遮著；你會立刻逃出去，你不會覺得這樣沒有禮貌，違反禮節，你會立刻沒穿衣服就逃了出去；你一點都不會擔心。如果你知道房子失火了，你會找到離開的辦法。但是現在你只是在問，如何離開痛苦；你並沒有覺知到痛苦。」

如果一個人真的覺知到痛苦，沒有人能擋住他。完全沒需要拖延。拖延的意思是你擁有一個非常平凡的頭腦。有智慧的人會立刻行動，誰知道下一刻會怎麼樣？明天從未來到。

第二個問題：

奧修，婚姻的問題是什麼？你為什麼一直反對它？

桑德南，婚姻是一個偉大的制度。沒有婚姻，生命是空的。沒有婚姻，你會成佛！是婚姻使這個世界繼續運作；是它使一切繼續進行。是它使所有事繼續行進、保持活躍。事實上，沒有婚姻就不會有宗教。

宗教的存在不是因為神，宗教也不是為了神而存在；而是因為婚姻。婚姻創造了這麼多痛苦以致於一個人必須靜心；靜心是一個副產品。沒有婚姻，誰會想靜心？為了什麼？你會是喜樂的！沒有婚姻，就不會有棄世。佛陀就不會棄世──為了什麼？是他的妻子，雅秀達拉，造成了這個情況──馬哈維亞就不會逃到山上。沒有婚姻，就不會有佛陀、馬哈維亞。只要想想：歷史會是非常平淡的，沒有鹽、沒有任何味道。是婚姻使整個「誤認為真實的」情況繼續下去。人們稱為旋轉木馬……

我不反對婚姻——沒有婚姻，世界上百分之九十九的笑話都會消失。我怎麼能反對婚姻？我支持婚姻。

桑德南，婚姻為很多事帶來了可能。

「婚姻是一個你的妻子會喜歡哪一種男人的過程！」它是一面鏡子。

兩個朋友在一間酒吧裡面談論他們的生活。

「你怎麼認識你妻子的？」其中一個人問。

另一個人說：「我們是偶然相遇的。我不能怪任何人。」

兩個女人在一間髮廊聊天。

其中一個人說：「我丈夫常常旅行。一年之中，他只有一個月待在家！」

「一個月？」另一個人驚呼：「那一定使你很煩惱。」

「不……一個月很快就沒了！」

醫生和他的妻子在街上散步，然後他們遇到一個美麗的女人。她有很大的胸部、很棒的身材和臉孔。當她經過醫生的時候，她露出善意的微笑。

「那個女人是誰？」妻子問。

醫生有點尷尬的回答：「一個客人。」

「我知道，」妻子說：「我是問她是你的客人還是你是她的客人？」

在巴西中部的一個小城市，一對夫妻坐在房子外面的椅子上，享受著月光。瑪麗亞轉頭對紀說：「紀，你知道嗎？明天是我們的二十五週年結婚紀念日！」

紀說：「是啊！」

「二十五年了…噢！紀，那是很長的一段時間！」

「是啊！」

「紀，不如我們明天殺幾隻院子裡的雞來慶祝？」

「瑪麗亞，為什麼？雞是無辜的…這不是牠們的錯！」

「嘿！」撒旦對新來的靈魂說：「你看起來好像很熟這個地方。」

「我是很熟，」那個靈魂回答：「我還活著的時候，我的妻子已經讓我對這樣的地方很熟了。」

現在，沒有婚姻，這些笑話都會消失。沒有婚姻，就不會有痛苦——也不會有歡笑。不會有這麼多的寧靜……那是地球的涅槃！婚姻使一千零一件事繼續：宗教、政府、國家、戰爭、文學、電影和科學，事實上，一切都得仰賴婚姻制度。

我不反對婚姻；我只是要你覺知一個超越它的可能性。但是只有當婚姻為你創造了這麼多痛苦、這麼多憤怒和憂慮，以致於你必須學習超越它，只有那時候，那個可能性才會出現。那是超越它的一大助力。婚姻不是沒有必要的；它會讓你回復感官上的知覺、讓你的神志清醒。婚姻是需要的，但是你最終會來到一個必須超越它的時刻。它就像一個梯子。你爬上梯子，它會讓你往上，但是會有一個必須放棄梯子的片刻來到。如果你繼續抓著梯子不放，那就會有危險。

從婚姻裡面學習。婚姻就像縮小後的世界：它會讓你學到很多事。只有平凡人才會什麼都沒學到。否則它會讓你了解到，你並不知道什麼是愛，你並不知道如何和人相處，你並不知道如何和別人溝通，你並不知道如何和別人交流，你並不知道如何和別人生活。它是一面鏡子：它會顯示出你的各方面。為了讓你成熟，它是需要的。但是一直執著它的人會永遠保持幼稚。人必須超越它。

基本上，婚姻的意思就是你還無法單獨；你需要別人。沒有別人，你會感覺沒有意義，但是和別人在一起，你又會感覺痛苦。婚姻真的是令人進退兩難！單獨的時候，你是痛苦的；和別人在一起，你也是痛苦的。它讓你看見你的真實狀況，你內心深處裡的某個東西需要轉變，使你單獨的時候是喜樂的，和別人在一起的時候也是喜樂的。那時候婚姻就不再是婚姻，因為就不會再有任何束縛。然後婚姻就會是分享，就會是愛。它會給你自由，然後你會把自由給予需要成長的人們。

一般的婚姻是一個無意識的束縛：你無法自己一個人生活，所以你依賴對方；對方無法獨自生活，所以對方得依賴你。然後我們會憎恨我們依賴的人；因為沒有人想要依賴別人。我們最深的渴望是擁有自由，完全的自由——而依賴是違反自由的。每個人都討厭依賴，那就是為什麼伴侶們不斷爭吵但是卻又不知道為什麼要爭吵的原因。他們必須對婚姻這件事靜心，他們必須對婚姻這件事好好想一想，為什麼他們要爭吵。每件事都只是一個爭吵的藉口。如果你換了一個藉口，還是會找到另一個藉口；如果沒有藉口，那就發明一個藉口，不論如何，爭吵是必須的。

那個爭吵有一個基本的原因，和任何藉口都無關。那個基本的原因就是你會憎恨你必須依賴的人。你不想承認——你不想承認：你相信你愛著那個人，但是事實上你在憎恨他。你憎恨的原因只是因為對方阻擋了你，界定了你的行為舉止，使你受到約束，使你在各方面都感到被限制。你的自由是跛腳的、癱瘓的。所以你如何能愛那個人？而你也對她做一樣的事。她又怎麼能愛你？

婚姻是一個偉大的教導；一個學習某些事的機會：學習到依賴不是愛，學習到依賴的意思就是衝突、憤怒、狂暴、憎恨、嫉妒、佔有和支配。一個人必須學習不去依賴。但是要做到那樣，你需要來到很高的靜心層次，然後靠你自己就會是喜樂的，你不再需要別人才能喜樂。當你不需要別人，那個依賴就消失了。一旦你不需要別人，你就能分享你的喜悅——分享是美麗的。

我要這個世界出現一種不同的人際關係。為了和你對人際關係的舊有認知有所區別，我將它稱為聯繫（relating）。我要這個世界出現一種不同的婚姻。我不打算把它稱為婚姻，因為那個字已經被污染了。我要把它稱為友誼；沒有法律上的束縛，只是因為愛而在一起；沒有對未來的承諾——這個當下就夠了。如果你們在這個當下彼此相愛，如果你們能享受這個和對方在一起的當下，如果你們可以在這個當下和對方分享，下一個當下會從這個當下誕生；它會是更豐富的。隨著時間的過去，你的愛會變得越來越深，它會開始帶來一個新的面向，但是卻不會創造任何束縛。

因此我對於新人類的洞見裡，不會出現任何舊有定義的婚姻或家庭，因為我們受的苦已經夠了。我很清楚男人和女人會需要在一起，但不會是因為需求，而是因為洋溢的喜悅；不是因為貧窮，而是因為富有——因為你擁有的是如此的多以致於你必須給予。就像是花朵的綻放，因為它如此充滿著芬芳以致於它必須將芬芳散播到風中。或是當天空出現了一朵雲，它開始下起雨；它必須下雨——擁有這麼多的雨水以致於它必須分享。

直到現在，我們還沒有幫助人們了解到什麼是愛；相反的，我們一直強迫他們結婚。婚姻必須是第一件事，然後愛會自己出現。這個概念已經證明是完全的錯誤。人已經活在地獄裡好幾百年。他已經習慣了，確實如此，事實上他是如此習慣以致於一個沒有婚姻的世界會使他感到震驚。

就在某一天，我收到一封信：「如果婚姻消失了，家庭消失了，什麼事會發生在小孩身上？」什麼事已經發生在那些婚姻和家庭裡的小孩？所有的小孩出生的時候是如此的美麗、如此天真、如此的有智慧，婚姻和家庭卻摧毀了他們。他們開始看到父母親不斷的爭吵和責備。他們漸漸習慣了，他們會在生活中重覆一樣的模式。

我要婚姻被聯繫取代，我要家庭被小型的社區取代。例如這個社區：幾百人一起生活，一起工作，一起生產，一起創造。小孩不會受到家庭的限制，小孩會屬於整個社區。他們會得到父母的愛——他們會得到更多父母的愛，因為小孩不再是父母的負擔，小孩也會得到社區裡每個人的愛。

「我的小孩」的概念是自我主義的。小孩應該屬於社區。社區應該決定需要多少小孩；小孩不能丟給個別的家庭，否則這個世界會越來越像地獄。社區也應該決定誰是適合養育小孩的人，誰是適合生小孩的人。可以透過科學的方式來決定可以成為父親的男人和成為母親的女人。不需要所有男人都成為父親，不需要所有女人都成為母親，但是他們可以成為整個社區的小孩的養父母。

如果我們利用一些現有的科學方法，我們可以擁有更好的小孩，更健康的小孩，更有智慧的小孩，更有天賦的小孩，更美麗的小孩。現在，像動物一樣的持續生育小孩是非常原始的，完全荒謬的。兩個相愛的人沒有一定得生育小孩，因為現在有些科學的方法。如果你可以得到像愛因斯坦一樣有智慧的小孩，何必在意這樣的小孩是否來自於你的染色體？為什麼不能用愛因斯坦的細胞生育小孩？就如同垂死的人捐獻他們的雙眼一樣，人也可以捐獻他們的染色體，這樣的方式是美麗的。那些染色體可以被保存數千年；不會產生任何問題。我們可以不斷的改良人類。我們已經對動物這樣做了，你可以看到差異。

在印度，你看母牛⋯⋯愚蠢的印度人以為他們在尊敬母牛。他們只是把牠稱為母親，就這樣；世界上最可憐的母牛就是印度的母牛，飢餓的、生著病的、只能擠出很少的牛奶、繼續保護牠們是非常不經濟的。世界各地有科學發展的地方，已經可以養育出更好的母牛、更好的公牛、更好的狗、更好的動物。

對於人而言也是可能的。沒有必要一直執著舊有的想法。我們可以停止生育出像希特勒、成吉斯汗、納迪爾這樣的人，因為可以透過父親的第一個細胞來決定，可以透過母親的卵子來決定。現在可以決定要生育出什麼樣的小孩。這個小孩會是像希特勒還是像愛因斯坦？可以了解他的未來——幾乎可以預測。

只有一件事是永遠無法預測的，那就是他的成道；那仍是無法預測的。否則每件事都將是可以預測的。但是我們可以生育出更有智慧的人、更健康的人。當然他們成道的可能性就會更大、他們成佛的可能性就會更大。

我們必須從源頭改變人類的結構。婚姻必須離開現有的方式，必須導入一個全新的概念。只有那樣，地球上才會誕生出新人類。

第三個問題：

奧修，你懂義大利語嗎？

Michael Potato，我不太懂義大利語，但是我懂的部分是非常美的，所以我會想更了解它。但我是一個懶惰的人——我無法學習任何東西。事實上，無論我是誰，我是我所是的，因為我只學習一件事：如何持續的不學習（unlearning）。無論我是誰，我就是經歷不學習過程的我。我曾經想學習義大利語；它似乎是美麗的。但是現在不可能了。只能一點點——不要太多…

一個年老的義大利人和一個年輕的義大利人，坐在露天咖啡廳看著來來往往的女人。

年老的義大利人問年輕的義大利人：「嘿，朱賽沛，你喜歡大屁股嗎？」

年輕的義大利人說：「不，我喜歡小屁股！」

過了一會兒，年老的義大利人說：「你喜歡下垂的大胸部嗎？」

「不，」年輕的義大利人說：「我喜歡挺翹的胸部！」

又過了一會兒，年老的義大利人說：「你喜歡講話有大蒜味嗎？」

「不，我喜歡口氣芳香的！」

年老的義大利人說：「如果你不喜歡大屁股、下垂的大胸部、講話有大蒜味，那你為什麼一直幹我的妻子？」

這樣的義大利人特質…不需要再多了！就我的目的而言，這些就夠了。

第四個問題：

奧修，對我而言，你在這兒所做的和談論的，似乎不是哲學也不是宗教。

Reverend Banana先生，你答對了一次。它不是哲學，它不是宗教，它是一個完全不同的現象。我對哲學完全沒有興趣，因為哲學對人類沒有任何幫助，它只是用不需要的嘮叨和噪音填滿了人們的頭腦。它沒有使人們有任何基本的轉變，它只給了「你知道」的錯覺。它是一個虛假的現象，它阻止你尋找實際的真理，因為你如此對文字入迷，以致於你完全忘了真理不是文字，神不是文字，愛不是文字。哲學家變得越來越廢話不斷。他不斷的嘮叨，他完全忘記了他的存在。他被文字包圍著，他被理論包圍著，他被假設包圍著，這一切都被假設是確定的，但是它們都不是確定的。

哲學還沒得到任何結論，它也永遠不會得到結論——它是一個完全沒有用的練習。如果你想要玩一個智力上的遊戲，它是適合的，一個智力的體操；它是在吹毛求疵。

但是我對它們完全沒有興趣——我是過來人：我曾經是一個哲學系的學生，也曾當過一個哲學系教授。所以我知道世界上最沒有用的活動就是哲學，最沒有創意的，最做作的——但是卻是非常自我滿足的，讓你自認為非常博學多聞，但是沒有讓你變得有智慧。

在奧斯賓斯基遇到葛吉夫之前，他已經是一個聞名世界的哲學家和數學家。他寫了他最重要的書：第三工具。如果你對哲學非常有興趣，它是很特別的，這本書非常的美。一個對哲學有興趣的人，如果錯過了奧斯賓思基的第三工具，他就錯過了非常重要的東西。

奧斯賓斯基向葛吉夫介紹他的書，第三工具。葛吉夫隨意看了五分鐘後把書丟了，對奧斯賓斯基說：「你拿著這張紙到另一個房間去。你在其中一面寫下你真的知道的，在另一面寫下你不知道的。如果你知道神，那就寫在這一面；如果你不知道神，那就寫在另一面。把真理、愛、成道和永恆也寫上去。」

奧斯賓斯基有點困惑、有點震驚、也感覺有點不舒服，因為他偉大的書被扔掉，彷彿它是噁心的東西。我可以了解：他一定感覺很受傷。但是現在他已經見到這個怪人，關於他的問題，他想要試試看。他拿著筆和紙去了另一間房間。他生平第一次說：「我發現我什麼都不知道。那是一個寒冷的夜晚；外面下著雪。即使房間裡面也是零度以下…」但是他卻開始流汗。一個聞名世界的人完全寫不出一個字──愛、成道、真理、神──葛吉夫說在這一面：「如果你知道，就寫在這一面，」──但是他一個字都寫不下去！

過了一小時，他拿著空白的紙走出來，把紙還給葛吉夫並說：「我很抱歉，但是你真的是一個怪人！你已經做出一個奇蹟！這是我第一次了解我什麼都不知道。」

葛吉夫開始微笑：「你是怎麼寫出這麼美麗的書？要寫出一本美麗的書是容易的，哲學上的探討是容易的；如果你不知道就更容易。但是如果你知道，就會很困難。」

奧斯賓斯基成為葛吉夫的門徒，接受了他的無知。

葛吉夫說成為門徒的第一個條件就是：他應該要接受他的無知；只有那樣，事情才能進行，只有那樣，內在的成長才有可能。虛假的東西必須被知道它是虛假的；只有那樣，真實的東西才能被了解到它是真實的。

我不是一個哲學家。我在這兒的人也不是哲學家。沒錯，我們有時候會拿哲學開玩笑，頂多這樣⋯⋯

一個人走進一家酒吧，他到了房間盡頭，走上牆壁，然後走過天花板，再從大門旁邊的牆壁走了下來，然後離開酒吧，什麼話都沒說。

「你看到了嗎？那怎麼可能！」目瞪口呆的酒保對哲學家說。

「當然，我看到了——真的很可怕！」哲學家說：「他穿著黃色的鞋子和粉紅色的襪子！」

下士召集了他的士兵，要求自願者完成危險的任務。

幾秒鐘後，他走到一個士兵面前說：「恭喜你，我勇敢的士兵！我聽過你，你是一個偉大的哲學家。你是唯一出列的人！現在你已經對我證明了你的勇氣和毅力。」

哲學家士兵驚訝的看著四周，然後回答：「喔，事實是——其他人都向後走了一步！」

哲學家生活在一種深沉的睡眠中，一種休眠。他沒有注意到每個人都向後移動。他的心一定沒有在那兒，他的心一定是在某個地方。

美國最高法院的法官，溫道爾荷姆斯，他對於生活的哲學態度在美國非常有名。有一天，他離開法院後前往火車站，搭上一列特快車。一小時後，當火車經過馬里蘭州的鄉間，查票員進入他的包廂要求查票。荷姆斯找了口袋和皮夾，仍然找不到票。他的臉上出現了憂慮的表情。

查票員認出了荷姆斯：「喔，不用擔心票，荷姆斯先生。我確定你一定是忘記在火車站買票。我現在可以給你一張。」

荷姆斯更加憂慮。他茫然的說：「我不是擔心票。我只是發覺我不知道我要去哪兒。」

哲學家永遠不知道他們要去哪兒。

Reverend Banana，我可以了解你擔心在這兒發生的事情似乎和哲學無關——它們是無關的。這是一個存在性的社區。我們信任存在，而不是哲學。

你說似乎也和宗教無關。

那也是正確的。它不是像基督教那樣的宗教，它不是像印度教那樣的宗教，它不是像回教那樣的宗教。它不是法西斯主義：沒有任何教條、沒有任何信仰。它是像佛陀這樣宗教性的宗教、它是像耶穌這樣宗教性的宗教、它是像葛玄這樣宗教性的宗教。它不是宗教，而是宗教性，它不是一個信仰的問題，而是一個生活的問題。

對我而言，宗教不是一個儀式。如果你在尋找任何儀式，這兒不會有。對我而言，宗教是一個洞見，洞察存在的美、洞察圍繞著我們的驚人神秘；洞察你自己的存在和其他人的存在。它和任何教條、信仰、教義或儀式都無關——它不是儀式——它只是一個完全不同的現象。

我們在試著過著一個靜心的生活，工作的方式和一般人一樣，但是工作的品質是不同的。

人們在廚房工作、打掃廁所、當木工、在商店工作、在麵包店工作或是在花園工作——就像日常的舉動一樣，但是品質是不同的：他們的心裡帶著喜悅、寧靜、愛、喜樂、慶祝和舞動。

對我而言，這才是真正的宗教：可以慶祝生命。在那個慶祝中，你接近了神。如果一個人可以慶祝，他就離神不遠了；如果一個人不能慶祝生命，那麼對他而言，神並不存在。神只會出現在深深的慶祝中，那時的你如此充滿喜悅以致於所有痛苦和黑暗都離開你了。當你是如此洋溢以致於你裡面沒有任何空虛，你開始感覺到平凡的存在、日復一日的存在的重要性，從這一個片刻到下一個片刻，你全然的活著，強烈的活著，熱情的活著，那麼神將會是無處不在的。

神不是某個人，而是一個存在，一個壓倒性的神秘經驗，一個無法理解的經驗。它不是一般定義的哲學，它也不是一般定義的宗教。它是哲學這個字真正的意義——哲學的意思是對於智慧的愛；那時，它才會是哲學。宗教這個字的意思是保持協調地。它來自於RELIGERE這個字：和整體處在一個深深的和諧中，和整體結婚，和整體聯繫、忘記你的自我和你的分離。那時，它就是宗教。

第五個問題：

奧修，請告訴我們一些只有阿卡西紀錄中才有的耶穌基督笑話。

瑪斯塔，沒問題。

很少人知道，耶穌基督剛生下來的時候，他的名字原本叫做曼尼。然而，有一個人經過馬廄，他偷窺了馬廄裡面，想看看發生什麼事。但是他的腳指頭踢到一顆尖銳的石頭，於是他大喊：「Jesus！」

「噢，那是一個好名字，」瑪麗說：「我們就這樣叫他吧。」

耶穌走進一間旅館，丟了幾根釘子到櫃檯裡面說：「我要過夜，你可以把我釘起來嗎？」

耶穌正在加利利湖邊休息。一群經過的小孩嘲笑著他，對他潑水並大吵大鬧著。

生氣的彼得對他們大喊，但是耶穌制止了他：「讓那些小孩過來……」

然而那些喧嘩和嘻鬧持續著，更甚之前。最後，生氣的彼得感到了厭倦，試著要把他們趕走，但是耶穌又制止了他：「彼得，我叫你讓那些小孩過來──這樣我才能踢他們的屁股！」

第十章 宗教：最大的奢侈

第一個問題：

奧修，希望你能談談為什麼東方對你的工作仍然是漠不關心的態度，但是西方卻非常被你的工作所吸引。

杜加，它是一個非常自然的現象。宗教是最大的奢侈。

人活在三個層面上。只有當他身體上的需要被滿足了，心理上的需要才會變得重要；否則沒有辦法。一個飢餓的人不會對貝多芬、莫札特或韋格納的音樂有興趣。他不會對米開朗基羅、梵谷或畢卡索的畫有興趣。那是正常的。因為他的第一個基本需要沒有被滿足。一旦他身體上的需要被滿足了，他的意識會立刻從生理的層面移動到心理的層面。意識會聯繫那個最需要被滿足的層面。你也可以從一般的日常生活而知。如果你的腳受傷了，你會忘記整個身體，你的意識會集中在腳。當你的頭在痛，你才會覺知到頭部的存在；否則，你會完全沒覺知到它的存在。它會繼續寧靜的工作著，你的注意力是不需要的。

身體是基本的，東方一直忍受著生理需要的痛苦。它在生理上的需要是巨大的，所以任何以宗教之名進行的一切並不是東方真正的宗教——它不可能是——它是某種別的東西。人們聚集在賽巴巴周圍，或是圍繞著像賽巴巴一樣的人，不是為了心靈的需要，而是為了生理上的需要。某個人生病了，他想要一個奇蹟，以便被治癒。某個人瞎了，某個人沒有小孩，某個人沒有工作，他們都希望藉由拜訪聖人，藉由聖人的祝福，或是在教堂裡祈禱，在寺廟裡祈禱，在清真寺裡祈禱，在謁師所祈禱，使他們的需要被滿足。這樣的希望是白費力氣的，但是窮人沒有辦法。他會繼續徘徊在這些幻象中。它是一個惡性循環：他徘徊在希望的幻象中，希望他的需要可以被滿足，也因為他執著這些幻象，他就不會做任何真正的努力去滿足他的需要。那些需要會越來越龐大。然後他會越來越沉迷在幻象中。他的宗教是屬於實現願望的——不是成長、不是成熟、不是心靈上的旅程，而是夢想、幻覺。

你去禁食一段很長的時間，然後你會開始幻想食物——你會二十四小時都在想著食物。你去閉關，到了第三週，你會開始對自己說話。這樣的需要會使你活在幻象中，彷彿你在和某個人對話。

什麼都沒有的人會創造出什麼都沒有的神，一個除了他的幻想以外就沒有任何東西的神，一個不存在的神。東方曾經知道真正的宗教，現在只剩下遺跡。佛陀知道真正的宗教，馬哈維亞知道真正的宗教，克理虛納知道真正的宗教。他們都觸碰到意識的最高峰，但是現在只有回音在那兒縈繞著。他們在很早以前就消失了，我們現在膜拜的是遺跡。

所以東方的人對一種宗教有興趣，我把它稱為虛假、錯誤、幻象般的——不只如此，它還是有害的，因為它在抑制科學的成長。

如果你在忍受飢餓，你會需要更好的技術，而不是更好的祈禱，不是膜拜，不是火供——那是完全的荒謬。你已經很窮了，你還在浪費金錢、食物、把奶油丟到火裡，希望神會保佑你。你已經這樣做多久了？那些神從沒聽見過。你打算要欺騙你自己多久？但是如同我說的，它是一個惡性循環。你越飢渴、越飢餓、越來越營養不良——你的問題就變得更無法控制——你投資越多希望、願望、夢想、想像，你就越會成為希望有某些奇蹟出現的蠢人。那些願望從未實現，也永遠不會實現。奇蹟並不存在。

奇蹟是完全不存在的，但是窮人的宗教仍然著重在奇蹟的可能性。

你聽說過最近波蘭教皇施展過的奇蹟嗎？他把一個瞎子變成了聾子。

曾經有一對夫妻想要有個小孩，他們在某天晚上做了一個非常棒的愛。妻子喜悅的大喊：「啊，親愛的，我想我們成功了！啊，我好高興。我們要為他取什麼名字？」

丈夫微笑著，悄悄的將保險套拿下來說：「我們叫他胡迪尼。」

一個瘋子到了一個猶太裁縫那兒，那個猶太裁縫是一個哲學家，瘋子在試穿他的制服。當他穿上之後，他走到鏡子前面。

「哇！」他叫著：「裁縫先生，你看！你在我的連身服上做了三個袖套。」

「喔，」裁縫說：「你沒有跟我說過你想要幾個袖套。」

這是瘋子去找瘋子。

這些瘋子就是東方所謂的聖雄，東方到處都是這樣的聖雄。當你對這個聖雄厭倦了，還有別的聖雄，你會從這間店換到另一間店。生命是如此短暫，你卻一直活在幻象中。

窮人的宗教是和奇蹟相關的，那就是為什麼基督教非常吸引東方人。你可以看到這樣的情況在發生著。

佛教則是非常吸引西方人。在美國、歐洲、荷蘭、德國有數以百計的僧院；在印度，每天有數千人變成基督教徒。這些變化是怎麼回事？它是如何發生的？——原因很簡單，喬達摩佛的宗教只會吸引那些所有需要已經滿足的人。它是最高品質的宗教，它就像一座埃弗勒斯峰。

耶穌吸引了——不是因為人們了解耶穌——他的吸引力是因為他的奇蹟。把奇蹟拿走，人們就不會變成基督徒，他們會失去興趣。因此基督教神學家、基督教傳教士不斷強調的奇蹟，只是一個神話，不真實的，完全虛假的——但是它不是新鮮的。它已經存在很久，原因是因為耶穌也在窮人身上下工夫。他是窮人家的小孩。他所有的朋友和跟隨者都是窮人。那些人只能了解迎合他們需要的語言。他所有的跟隨者都是農夫、園丁、漁夫、木匠或類似的人——沒有受過教育的，沒有教養的，單純的。他們一定有為他創造出這類的故事，否則他們不會一直跟著他。這些奇蹟的功能就像膠水。二千年來，這已經成了基督教吸引人的地方。

它吸引到的總是窮人。在印度，你不會看到耆那教徒改信基督教——因為他們很富有。你不會看到上流人士變成基督徒——因為他們很富有。那麼哪些人會變成基督徒？非常窮的人、受到壓迫的人、受到壓制的人、原著民、賤民、挨餓的人、飢渴的人、殘廢的人、癱瘓的人、盲人、聾子、生病的人、孤兒——這些人會對基督教有興趣。

現在，他們要靜心做什麼？他們需要的是奇蹟；他們不需要任何內在的眼睛，他們不需要任何心靈上的養分。這是第一個也是最重要的原因，杜加，那些人不會對我的洞見有興趣，尤其是東方。同樣的，關於那部份，基本的制約必須記住。

在東方，日本人會對我有興趣；因為那是唯一富有的國家。你會在這兒看到數百個日本人。日本有很多為我設立的靜心中心，有很多書在日本出版。在日本有一個很大的騷動，我很驚訝，當人們來到這兒，我問他們：「你要在這兒待多久？」德國人幾乎都待在這兒三個月或四個月，而日本人都停留六個月、九個月、十二個月或二年。日本是東方唯一相當富裕的國家，因此他們的需要會是完全不同的。他們不會去找賽巴巴，他們完全不會對那兒有興趣。

印度太窮了，以致於他們不會想了解我、他們不會對我有興趣。印度人來到這兒停留一天或二天——最多三天。他們只來這兒待一天，但是他們想要跟別人一樣的對待。當他們來這兒，當他們知道我不會點化他們，而是我的一些門徒點化他們，他們感到非常震驚。他們很震驚：為什麼這樣對待我們？然而你只有在這兒停留一天。你早上來到這兒，到了晚上你想要被點化成為桑雅士，然後明天你就離開了。而別人已經在這兒靜心了六個月，經歷過數十次成長團體，努力的下工夫，而你還想要得到同樣的對待。你可能留下來做一樣的事，經歷同樣的過程，你和他們一樣冒著相同的險——他們還沒準備好那部份。但是他們感覺被冒犯，他們認為他們應該被給予同樣的機會。

他們不斷的寫信給我：「西方人可以坐在你面前，而我們卻坐在後面。」你應該慶幸你還可以坐在後面。很快，連後面的空間都會沒了。你必須努力掙得。坐在我面前的人已經待在這兒六年或七年了。有些人來了這兒就不離開了。那是他們應得的，他們掙得的。

這是第一個原因，杜加，我是在談論宗教的最高形式；因為我是在為全世界而談。對我而言，國家沒有任何意義，種族沒有任何意義，膚色沒有任何意義。我是在談論將要誕生的新人類，幾乎是必須誕生的新人類，因為沒有新人類，現在的人類將無法存活。舊人類已經腐爛了，我們必須脫離它；但是在我們脫離它之前，新人類必須出現。我在這兒的工作是為了新人類的誕生。

印度人會害怕的第二個原因是，印度人認為他們已經知道了，但是他們什麼都不知道。他們只是攜帶著沒有用的包袱。他們是非常博學多聞的，他們可以像鸚鵡一樣的背誦吉踏經、吠陀和優婆尼沙經，但仍不知道他們在說什麼。他們沒經驗過那些真理，但是他們可以像留聲機一樣的背誦它們。因為這樣，他們以為他們知道什麼是宗教。那他們何必還來這兒？

就那部份而言，西方是單純的，不是博學多聞的。它有一個很強烈的探詢，沒有任何阻礙；它準備要探險了。博學多聞的人不願意去探險；他會一直害怕，因為某些事可能會和他的知識不符。他想要符合他的真理，反之亦然的情況不是他想要的。他不準備要知道真正的真理——那需要膽量、那需要一個敞開的頭腦。

在東方，特別是印度，人們沒有任何敞開的頭腦。他們的頭腦是非常封閉的。他們的頭腦充滿了聖牛的念頭，所以裡面沒有多餘的空間。

我只會吸引那些探險者、冒險者、探詢者，那些某種程度上而言是單純的人。

第三個原因是⋯⋯第三個原因是關於那些既不貧窮也不是博學多聞的人。他們為什麼不會來這兒？這個國家有些富人。這是一個貧富落差很大的國家：百分之九十八的人是非常貧窮的，百分之二的人是非常富有的。那些百分之二的人害怕來這兒，原因很簡單：和我的名字扯上關係是有危險的。他們寫信給我：「我們想來，但是我們在害怕。」只要和我的名字扯上關係就會有危險。人們會開始對他們說：「所以你也成了犧牲者嗎？所以你也被催眠了嗎？我們從沒有想到你會如此瘋狂！」

還有，來這兒聽我講話不是只有聽而已，不是去克理虛納穆提那兒聽他講話。去他那兒，你聽完就回家了，在這兒聽，慢慢的，慢慢的，你會做出承諾。它是涉入，涉入的意思是你的所有生活都會因為它而改變。你的家庭生活、你的個人生活、你的社交生活、你的商業生活——每件事都會因此改變。你可以去克理虛納穆提那兒聽他講話，不會有問題，不會有做出任何承諾的問題。和我在一起，你會給出承諾。

聽我講話是危險的，原因有二個：第一個，你害怕涉入其中的可能，然後它會帶你去哪兒？其次，你會被每個人譴責和批評。那會讓人們退縮。所以他們會去看書，聽錄音帶——數千人去聽錄音帶，數千人看我的書，數百萬人談論著我，贊成或反對。事實上，任何有智慧的人都因為我而有了對立：贊成我的或者反對我的。

但是來這兒，進入那個大門需要一些勇氣，那是印度人很久以前就已經失去的東西；否則他們不會當了二千年的奴隸。他們沒有任何勇氣，沒有任何骨氣，沒有任何膽量。而這樣他們還能夠走路和生活，那實在是一個奇蹟。

也有些不是博學多聞的人，不能說他們是學者或某某權威，也無法說他們知道任何關於吠陀或優婆尼沙經的東西；但是他們的狂熱在於模仿西方。他們的所有狂熱是：他們有錢，他們有機會，他們持續奔向西方。他們繼續環遊世界，他們要西方人享受的各種玩意。他們對宗教和靈性沒有興趣。對於宗教和靈性，他們可能會講些客套話，因為那是一個傳統的東西、習俗上的。但是僅限於客套話；他們的心完全放在唯物主義上。

這些就是為什麼東方人，特別是印度人，對這兒沒有興趣，但是全世界卻都有興趣的原因。

他們也是模仿者。只要再等一會兒。當越來越多人從全世界來到這兒，他們也會開始跟隨。他們是模仿者。他們是副本。他們已經模仿了兩千年。他們無法靠自己做決定。如果他們看到西方人來到，他們也會來；但是我不會顧及這些人。我的心沒有任何空間來容納這些模仿者。

你可以到處看到這種情況。泰戈爾得到過諾貝爾獎。在他得獎之前，他的書已經賣了好幾年——他得獎的書，吉壇迦利——但是沒有人讚揚過這本書。當他得獎之後，全印度都在讚揚他，但是他很清楚。他拒絕了加爾各答市的邀請。他們想要表揚他。但是他說：「我不會來。我拒絕這樣的表揚，因為那本書已經出版了好幾年，但是你們從未表揚過我。」事實上，沒有人注意他的書，然而那是其中一本最偉大的著作。相反的，人們在批評它，批評的原因是那本書並沒有依循印度詩歌的舊模式。它裡面有一些原創的東西；而印度人的頭腦無法了解任何原創的東西；它需要重覆出現過的東西，這樣它才能讚揚。但是當所有的西方人開始讚揚他時，全印度也準備去讚揚他。他變成偉大的「國家的孩子」；否則沒有人會去顧慮他。

然後你們在這兒又看到一樣的情況。德雷莎修女一輩子都待在這兒工作。沒有人顧慮她，沒有人聽過她的名字。但是當她得到諾貝爾獎，全印度都很興奮。

這些人都是模仿者。這些人沒有任何智慧。他們隨時可以做任何事，無論全世界做了什麼——他們會立刻去做那些愚蠢的事。

所以只要再等一下，杜加。讓越來越多人來——他們正陸續來到，他們已經在路上了。我的邀請已經到達世界最遠的角落，我已經喚醒數百萬顆心，他們將會來到。他們會是我的人，因為他們身體上的需要已經滿足了，所以他們不會來這兒要求某些愚蠢的奇蹟。他們也不會是因為任何心理上的需要來這兒。如果他們有任何心理上的需要，我在這兒有數百個治療師，那些需要可以被滿足。只有當你身體上的需要和心理上的需要被滿足了，我的工作才會開始。然後你會看到遠方的心靈國度。

所以那些可以超越身體—頭腦的人會是我的人。無論他是在西方還是東方出生的，無論他是黑人還是白人，那都無關緊要。無論他是男人還是女人，那都不重要。我是在創造世界的公民。我不是在創造任何宗教。而是一種宗教性，一種普及的宗教性，不太能觸碰到的。你無法為它創造出教條，你無法為它興建教堂——不可能！我不會留下一本聖經、可蘭經或吉踏經，以便讓你為它興建教堂。當我離開世界，我至少會留下一千本書，彼此互相矛盾的，任何想要根據它們來創造出教條的人將會發瘋。

不可能根據我的觀念創造出任何教條，但是你可以透過它們轉變你的存在。忘掉東方和西方對於我的工作的態度；不要一直把我的時間浪費在這些事上。

第二個問題：

奧修，如果一個成道者不會失去他的佛性，那麼出生時還是像個佛一樣的嬰兒怎麼失去它的？

哈喬，每個小孩出生的時候都是一個佛，但是他們無法持續太久。那是成長的一部分：他必須失去它。

除非他失去它，否則他不會了解到它的價值。就像海洋裡的魚：魚在海洋裡出生，活在海洋裡；但是卻對海洋一無所知，牠無法知道。兩者之間沒有任何分開、間隔或空間。把魚從海裡面釣起來，丟到沙灘上，那條魚會立刻有一個很大的了解。現在魚第一次知道海洋的美，海洋的喜悅。現在魚會渴望它。讓魚再度回到海洋裡，你會看到牠的慶祝和喜悅。

那正是聖經故事的涵義。亞當和夏娃必須離開天堂，只是為了再次得到它——那是唯一再次得到的方式。必須失去天堂。只有那時候才會有覺知。天真是一回事——每個小孩都是天真的——但是要覺知到天真是完全不同的情況。只有一個佛可以覺知到天真；因此佛陀不會失去它，因為他是覺知的。小孩必須失去它，他沒有覺知到——就其本質而言，他沒有辦法覺知到；因為他還沒有失去它。

一天早晨，小強尼流著淚走過來說：「媽咪，媽咪，」強尼啜泣著：「我好害怕。我起床的時候跑到妳的床邊，沒有看到妳。然後我跑到爹地的床邊，他也不在那兒。然後我跑到我的床邊，我發現我也不在那兒！」

這個經驗是需要的。每件事必須失去。突然間只剩下空虛、無意義、黑暗，然後對於那個失去的，尋找開始了。

靜心是唯一回家的路。它不是在尋找某個新鮮的東西；它是在找尋某個我們沒有覺知到的東西，某個我們固有的東西。

在幼稚園的第一天，湯米感到緊張和沮喪，他想要和他母親說話。一個老師幫他打電話回家，但是當聽到母親的聲音時，湯米太過緊張以致於無法馬上回答。

「哈囉，」母親說：「請問是誰？」

「是妳的兒子，」湯米流著淚說：「妳已經忘記我了嗎？」

小孩是天真的，但是他們的天真不是一個佛的天真。那個差別是巨大的。他是一個無意識的天真，因為它是無意識的，所以它沒有任何價值。那就是為什麼耶穌說：「除非你像小孩一樣」——注意那個字：除非你「像」小孩一樣——「否則你無法進入神的王國。」他不是說除非你是一個小孩；他不會這麼說，否則每個小孩都會進入神的王國。他是說除非你「像」小孩一樣。那個差別是很大的。「像」小孩一樣的意思是：你不是小孩，但是又「像」是小孩。這有一些相似和不相似的地方——兩者有一些共通點，也有一些非共通點。

當小傑佛瑞發現他的寵物龜四腳朝天躺在池塘邊，他感到很難過。

「沒關係，」他父親說：「我們會為牠舉辦一個隆重的喪禮。我會為牠做一個小棺材，媽媽會用布料把牠包裹好。我們會買一個白色的柵欄圍繞著牠的墳墓。等我們埋了牠之後，我們去哈根達斯，我會買一個很大的甜筒冰淇淋給你。」

突然間，烏龜翻了身並走向池塘。

「傑佛瑞，你看！」他父親喊著：「你的烏龜沒死。」

「爹地，我們去殺了牠！」

這就是天真，但不是像佛一樣的天真。現在小孩只對墳墓、白色柵欄和冰淇淋非常有興趣，他哪還會在乎烏龜？現在那些儀式⋯

但是這沒有任何錯。沒有對也沒有錯；他只是沒有覺知到。你不能說他是暴力的或殘忍的，不，一點也不。他只是無意識的。

天真加上意識就等於佛性。天真但沒有意識就等於無知。那麼一個人要如何成為有意識的？唯一的方式——讓我強調——唯一的方式就是失去它，然後再得到它。

哈喬，你問：如果一個成道者不會失去他的佛性，那麼出生時還是像個佛一樣的嬰兒怎麼失去它的？

成道者失去過它，然後又找到它了。嬰兒還沒有失去它，也還沒有得到它；他帶著它出生，沒有注意到它。因此你會在小孩的雙眼中看到某些聖人的特質，某些有著同樣的美的特質；但是也有一個深深的無知。天真在那兒，但卻是充滿無知的。聖人是天真的，但是充滿覺知的，他是知道的。他的天真沒有摻雜著無知；它是智慧。

小孩注定會失去他們的天真。越早失去越好。越有智慧的小孩會越早失去天真；愚蠢的小孩會晚點才失去天真；遲鈍的小孩可能永遠不會失去天真。小孩越有智慧，他就會越快失去天真，因為他會開始詢問和探險。他會想要知道更多，他會非常好奇，他會問一千零一個問題——那些甚至他的父母和老師都無法回答的問題。

一個小孩和他的父親在散步著，然後小孩問：「為什麼玫瑰是紅色的？」

父親說：「我不知道。」

過了一會兒，小孩問：「為什麼河流總是往下流？為什麼不是往上流？」

父親說：「閉嘴！我不知道！不要煩我！」

過了幾秒鐘，小孩又問：「星星在白天的時候去哪兒了？」

父親說：「我不知道。」然後父親咕噥著：「真不知道我問了我父親這些問題會怎麼樣。」

小孩說：「那你就能回答我了。」但是接下來小孩安靜了下來。

他安靜了很久，父親開始擔心——這情況不常有，因為他總是在問——一個有智慧的小孩一定會——所以父親問：「你怎麼不問了？」

小孩說：「問了有什麼用？」

父親說：「不然你要怎麼學習？」

我們要小孩發問，我們要小孩探詢，雖然我們沒有答案。我們要他們成為博學多聞的，有教養的，因為他們的生活會需要，但我們不是很真誠的，不是很真實的。即便對我們的小孩，我們也是虛偽的。一個真正慈愛的父親，一個慈愛的母親，一個慈愛的老師，總是會說什麼是他知道的，什麼是他不知道的。他不會假裝。

如果小孩問：「誰創造了世界？」他不會說：「神」。因為他並不知道。他會說：「我探詢過，我還不知道答案。你也在探詢。如果你比我先知道，你要告訴我，如果我比你先知道，我會告訴你；但是我還不知道。」然後小孩和父親之間將會出現一個偉大的友誼和一個偉大的同理心。小孩一輩子都會尊敬這樣的父親；否則他遲早會發現你的答案只是胡扯。你假裝你知道，但是你並不知道。那麼他的尊敬將會消失。

兩個男孩在談論他們的狗。「我不了解，」其中一個男孩抱怨：「你如何讓你的狗會各種把戲的？我卻無法讓我的狗做任何事！」

「喔，」另一個男孩說：「一開始的時候，你必須比你的狗知道得更多。」

自然的，小孩必須學習，而學習的意思是制約。他們將會跟誰學習？他們會跟那些不是佛的人學習，他們會跟那些還沒到達的人學習，他們會跟那些在黑暗中摸索的人學習，他們會跟那些內在的存在仍然是一片黑暗大陸的人學習，他們會跟那些沒有自己的光的人學習——他們會跟這些人學習，他們會變得跟這些人一樣。他們會迷失在世界的叢林中，除非有一天他們有足夠的智慧去看清楚發生了什麼事——他們如何失去那些美麗的、神奇的、令人驚歎的時光，他們如何失去童年的純淨和天真——然後他們會開始再次尋找它。那就是開始靜心的時候。那就是宗教誕生的時候。

宗教不是基督教、印度教或回教；宗教是回到你最初源頭的開始，宗教是試著去找到你從那個未知所帶來的內在核心，而它仍然被資訊和知識覆蓋著——被各式各樣的東西覆蓋著。你必須像剝洋蔥一樣的把它剝開。你得一直剝開它，因為它被層層覆蓋著，而且你已經學到這麼多的謊言。你一直被告知去學習謊言，你被謊言帶大——基督教的謊言、印度教的謊言、回教的謊言。美麗的謊言——非常吸引人的，但它們不是真實的。真理只能在自己的存在裡找到。

一個哥哥和妹妹正在做愛……

這一定是發生在法國；它不可能發生在別的地方！

哥哥說：「嗯，妳比媽咪還棒。」

「當然，」妹妹說：「爹地今天早上也這樣對我說。」

現在這些小孩會被你們腐化。他們已經被腐化了；我們用一千零一種方式腐化了他們。我們也是無助的，因為我們也被別人腐化；那是我們繼承到的東西──腐化。那就是我們一代接一代所傳承下來的，而且我們繼續交付給下一代。

但是有智慧的小孩遲早會發現這些腐化和欺騙，他們將會擺脫它。那就是我對桑雅士的定義：離開那些別人告知你的、教導你的、給予你的東西，完全的丟掉它們，這樣你才能再次得到你的天真。然後一個人會變成一個佛。現在你無法再失去了，因為這是你的達成。現在你完全的覺知它。沒有人可以摧毀它，因為沒有任何東西會比它更重要。

小孩是沒有覺知的；這一定會發生。所以沒有辦法保護小孩、阻止小孩。所有慈愛的父母能做的就是，讓他覺知到那些告知他的、教給他的都只是假設；它不是真理。記住。它是實用的，到目前為止，它是我們所知最棒的謊言，但是它不是真理。你得靠自己尋找真理，你必須在你自己的存在裡找到它。你必須成為你自己的光。

第三個問題：

奧修，我是同性戀。我該對它做什麼？

拉莫，你的承認是好的。你的誠實是好的。你沒有隱瞞是好的，因為當你全然的揭露自己，它會是轉變的開始。不用擔心。一個人總有一天得超越性，無論是同性戀、異性戀或雙性戀——那不是很重要。性就是性，這些只是愛好，不同的喜好。不用因為這樣有罪惡感，這不是你的錯。

由於壓抑的手段而有了同性戀的存在，因為壓抑的道德觀，因為數千年來，男人和女人被分配在不同的地方。在學校、軍隊、修道院——每個地方都將男人和女人分開。自然會有男同性戀和女同性戀的出現，因為自然的能量會試著找到某個出口。

同性戀是你們所謂的宗教的副產品。第一個同性戀一定是出現在修道院，那是幾乎可以確定的。我們不知道他的名字，但是應該為他設立一個紀念碑——第一個同性戀。他一定是一個修士。

眾所皆知，基督教的修道院和佛教的寺院中充滿了同性戀。一定會發生這樣的情況，因為你沒有把超越性的科學給予他們，你只是叫他們壓抑能量。現在能量開始用反常的方式移動。

不要因此而對反常這個字感到冒犯。它的意思只是不自然的，它的意思只是沒有遵循生物學。生物學的方式是異性戀的。如果你避開它⋯就好像一條小溪在流動：你在它經過的地方放一顆石頭，它會開始流向別的地方，它會繞過石頭，它會變成兩條溪流。你可以一直阻礙它，然後它會不斷分出好幾條溪流。它會找到某個方式。它有一個必須到達海洋的水源。

不用擔心，因為擔心不會有幫助。接受它。就如同壓抑創造了它，一個深深的接受可以融化它。接受它。你是數千年來的制約下的犧牲者。

當一個人對另一個人說：「什麼！你也是？我以為我是唯一的一個。」友誼會在那時誕生。

人們一直隱藏它，但是遲早你會發現某個人，有些方式可以顯示出一個人是不是同性戀。他們走路的方式是不同的——他們可能不會說出來，但是他們走路的方式是不同的。他們看的方式是不同的，他們講話的方式是不同的，他們的姿勢是不同的，其他的同性戀會立刻看出來。

而且它的數量不少，記住。全世界有百分之十的人是同性戀。每十個人就有一個是同性戀；那是一個很大的比例。而且每天還在增加中，因為女人的解放運動創造出女同性戀。「就算是為了戀愛，也沒有一定要依賴男人。姊妹之情是美麗的。愛妳的姊妹。」結果自然會有很多男人被獨自留下。

剛結婚的新娘對於新郎的冷漠感到灰心，她終於忍不住說：「聽著，」她說：「如果你要繼續看這些報紙，我就要去市區找一個男人。」

「太棒了！」他說：「妳可以也幫我找一個嗎？」

一個同性戀和一個異性戀進入了一個沙漠。

「啊，」好色的異性戀說：「就算這兒有一隻蒼蠅，我也能和牠做愛。」

「嘶—嘶—嘶—嘶，」同性戀回答。

在一個酒吧裡，兩個同性戀喝著放有馬鈴薯泥和橄欖的馬丁尼。其中一個突然被牙籤刺到嘴唇。看到流出來的血，他喊著：「天啊，我月經來了。」

有一點反常，但是又怎麼樣。沒有什麼要擔心的，拉莫。接受它。

我的基本原則就是接受——如是。無論情況如何，你接受它。從那時起，事情會開始發生。不要拒絕它。是因為拒絕而使問題產生，所以只要接受：放鬆在它裡面，你將會驚訝。如果你可以沒有任何罪惡感的接受它，慢慢的，慢慢的，你的同性戀會再次變成異性戀。為什麼？——因為罪惡感也是宗教的現象，同性戀也是。它們一起加入，它們被綁在一起。如果你不斷的感覺有罪惡感，你會一直是同性戀。拋棄罪惡感，接受它。你並沒有錯，你只是攜帶著人類所有醜惡的過去。你能做什麼？你的情況出現得稍微晚一點，其他人已經經歷過了。他們已經弄髒了整個海灘。所以我們得把它弄乾淨。

但是哭喊、啜泣和罪惡感有什麼幫助？沒有必要把能量浪費在那兒。沒有任何罪惡感的接受它。隨著罪惡感的消失，你將會驚訝：如果你是基督徒，你的基督教信仰將會消失；如果你是猶太教徒，你的猶太教信仰將會消失；如果你是印度教徒，你的印度教信仰將會消失。這是真正的奇蹟：當罪惡感被拋棄了，你的宗教也消失了。當宗教消失了，你會變成一個更自然的存在。你可以開始清楚的看待事情。事實上，你無法在其他男人身上找到你想要的東西。你會感到挫折。其他男人也無法在你身上找到他想要的東西；他會感到挫折。

可能會有友誼，但是不可能會有愛，友誼和愛是不同的面向。友誼有它的美。愛需要對立的一方，只有那樣才會有吸引力，只有那樣才會有足夠的拉力。愛需要一個難以捉摸的辯證，它是一個辯證的過程。男人和女人的關係是一個充滿危險、冒險和爭吵的辯證過程。它是一種親密的敵意關係。在早上的爭吵，到了晚上就變成了愛，然後到了早上又是爭吵，然後它不斷從這一端移動到另一端。

但這就是它如何讓自己有活力的方式。它是黑格爾的辯證：正題、反題、合題，然後合題又變成正題。就在某個晚上，你們達成一個協議，一個和平的狀態，到了早上它又消失了。然後你在想：「現在一切都很順利。」但是到了早上又開始爭吵了，然後到了晚上又開始做愛。

事實上，除非你先爭吵過，否則你無法真正的做愛，盡情地做愛。做愛之前的一場大吵多了一番情趣和熱情——只要大吵一場，然後你會變得熱情；否則有教養的人會很冷淡。只要一場大吵——叫喊、丟東西、丟枕頭，然後在對方的溫暖中放鬆在對方的懷裡。爭吵創造了距離。距離越遠——它是一種小型的離婚，然後就會有一個小型的蜜月。

它不可能發生在同性戀的關係裡面。那就是為什麼同性戀被稱為gay；裡面沒有辯證，他們總是微笑著。但是他們的微笑似乎是表面上的；它不可能很深入。他們微笑是因為不可能有任何淚水，他們了解彼此。他們同樣是男人或女人，所以他們了解彼此。因為了解，所以不會有爭吵。一個男人和一個女人從不會了解對方，他們無法了解對方。如果他們可以了解，那一切會立刻結束，他們都成佛了。

第四個問題：

奧修，在我要成為桑雅士之前，可以再等一會兒嗎？我感覺還沒完全準備好。

摩斯，我知道你是一個數學家，也是一個猶太人和義大利人的混血。這是一個稀有的組合。數學家總是算計的，但是他永遠不會接受點化。算計不會讓你接受點化，對於算計的頭腦是不可能的。你永遠都不會做好完全的準備。你要如何做好完全的準備？有些事只有當你進入它們，那時候你才會做好準備。

從沒有一對戀人在做好完全的準備後才會進入一段愛情。如果他們想要做好完全的準備，那就不會有任何愛情事件發生。他們要怎麼準備？為什麼要做準備？不是因為恐懼嗎？——有些事可能會出錯……

但是你這輩子做了什麼？你一直在算計，過著井然有序的生活。你達成什麼了？有時候冒險有它的美。事實上，只有當你不做任何算計的移向某個層面才會發生偉大的變化。

桑雅士是一個愛情事件；它不是數學。

經過機場檢查後，一個數學家被發現他的行李袋裡面有一個炸彈。

「你被捕了，」安全人員說。

「我被捕？為什麼？我不是一個劫機犯，我是一個數學家。」

「那為什麼你的行李袋裡面有一個炸彈？」

「為什麼，那是一個關於安全的問題。」

「我不懂你的意思，」安全人員說。

「喔，先生，想一想。如果讓一個炸彈進入飛機的可能性是零，那麼兩個炸彈進入飛機的可能性實際上是不存在的。」

這就是算計。他完全從數學上考量。

桑雅士永遠不會發生在你身上，摩斯。它不是數學；它是詩歌，它是音樂，它是舞蹈，它是慶祝。它是瘋狂，瘋狂的愛情事件。你也是一個猶太人。也許是因為你的猶太人特質使你成為一個數學家。猶太人是很優秀的數學家。難怪愛因斯坦被證明是世界上最偉大的數學家。誰能是比猶太人更優秀的數學家？

亞倫叫他的小孩摩賽過來，給了他一盧布並說：「摩賽，去雜貨店買兩磅奶油。」

摩賽帶著家裡的小狗一起去。在去雜貨店的路上，他決定更善加利用父親的錢。他沒有買兩磅奶油，而是買了兩磅甜食。將甜食藏在穀倉後，摩賽帶著悲傷的表情去找他的父親。

「發生什麼事了？」父親問：「奶油在哪兒？」

「是小狗，」小摩賽說：「該死的傢伙啣走了奶油並吃了它。」

亞倫抓住小狗並把牠放在天秤上。天秤顯示剛好兩磅。他轉頭對摩賽說：「好，兒子。這是奶油的重量，現在狗在哪兒？」

跳脫你的猶太人特質，跳脫你的數學。我說你已經做好準備了；我可以擔保。

你以為我的桑雅士在接受點化之前都做好完全的準備嗎？他們沒那個膽量！那不是一個做好完全準備的問題。你要怎麼準備？你要怎麼進行？什麼樣的狀況才算是做好準備？標準在哪兒？你可以問我。

這個問題顯示出你裡面有一個很深的渴望，但是你的頭腦在阻礙你。你的靈魂想要成為桑雅士，但是你的頭腦不願意。頭腦說：「先做好準備，」因為頭腦很清楚一個人永遠無法做好準備。

偉大的數學家越來越老了，他的身體日益惡化。他去看了醫生。在一個完整的健康檢查之後，醫生做了一個深呼吸後開始說。

「先生，在這樣的病況下，最好對你坦白，告訴你實情。」

「告訴我，醫生，無論情況如何。」

「那不容易。」

「告訴我實話，醫生。我還可以活多久？一年？」

「更少。」

「更少？好吧，我最好知道。六個月嗎？」

「更少。」

「好，好。我可以承受。一個月？」

「我很遺憾，我必須說⋯⋯」

「沒關係，醫生，我可以承受。」他說完後離開了房間。醫生對於這個人的反應感到印象深刻，他走到窗邊看了他最後一眼。

他站在人行道上，正準備要過馬路。然後有一輛靈車經過，他舉起手喊著：「計程車！計程車！」

明天是不確定的。誰知道…？明天可能會來，也可能不會來。如果你感覺到一個衝動，一個深深的渴望，那就接受點化，不用如此害怕。鼓起一點勇氣。桑雅士必須和你的過去是不連續的。如果它和你的過去不是不連續的，那它就不是桑雅士。如果你完全做好準備，那它就不會是一個不連續；它會是連續的。你準備好了，因為那個準備使你要接受點化了，但是那仍會是你的過去的一部分。

桑雅士必須是不連續的。過去就只是消失了，彷彿它從未存在過。你重新開始，全新的。

而且你攜帶著一些問題，我可以了解：數學家，而且是一個猶太人，住在義大利…

耶誕節前夕，在一個集中營裡，將軍把所有囚犯叫到庭院裡，並要他們排成三列。

「耶誕節讓我心情很好，」將軍說：「我想要減輕你們的痛苦。第一列向前一步。」然後第一列犯人向前走了一步。將軍喊著：「開槍！」他們都被殺了。接著第二列也一樣被殺了。然後將軍大喊：「第三列，向前一步。」所有囚犯都向前一步，除了兩個人之外；他們是義大利人。

他們彼此對看，然後其中一個人說：「啊，好吧，我們向前走，不然他會生氣。」

摩斯，你問我：在我要成為桑雅士之前，可以再等一會兒嗎？

你想要等多久都可以，但是你要等多久？死亡隨時都會結束遊戲。即使下一個片刻也是不確定的。唯一能確定的是這個片刻，而我感受到一個渴望。當我感受到一個渴望，那就足以證明一個人準備好了。還有不要要求完美。沒有人是完美的。不要當一個完美主義者。完美主義者都是精神病患。就你現在的樣子去成為桑雅士，如你所是的成為桑雅士。不要再等了。你已經等的夠久了。你已經在這兒待了至少六到七週，不斷的詢問我。現在我認為是時候了。

還有這個渴望不會離開你。它會變得越來越強烈。如果你離開了，沒有成為一個桑雅士，你會再回來。無論你在哪兒，它會一直縈繞在你的心頭。我會一直跟著你。

老闆要秘書把猶太會計叫來，秘書說：「他出去了，老闆。他去買運動彩券。」

隔天同一時間，老闆又要秘書把猶太會計叫來，秘書說：「他出去了，老闆。他又去買運動彩券了。」

「這算什麼？」老闆大叫：「他瘋了嗎？他每天都在上班時間出去買運動彩券。」

秘書說：「這是他最後的機會，他必須在這個月補回公司帳款的差額。」

那是我唯一能對你說的，摩斯。這是最後的機會。我可能不會再遇到你了。你可能不會再遇到跟我一樣的瘋子。諸佛隨時會出現。但是很少會有一個像我一樣會接受各種瘋子的佛。

喬達摩佛是非常特別的。你必須經過一個漫長的點化過程。要完成很多步驟。但是曾經有一個人去見他——他的名字是舍利弗——成為他其中一個最偉大的弟子。

舍利弗觸碰了佛陀的腳說：「請點化我。」佛陀說：「你得先完成很多事。」

舍利弗說：「我會去完成每件事，但是請先點化我。」

佛陀說：「你甚至還沒完成一般的儀式」──繞著佛陀走三圈，觸碰他的腳三次，並說三次：「主啊，請點化我。」

舍利弗說：「如果我在做這些儀式的過程中死掉，你會為我負責嗎？如果我錯過機會，你會為我負責嗎？如果是的話，那我準備好了。我會繞著你走三百圈，我會觸碰你的腳三百次──或者你想要多少次都可以。但是你會為我負責嗎？因為誰知道──我可能不會在這兒了，你可能不會在這兒了……」

佛陀看著舍利弗，笑了，舍利弗是第一個不用完成任何步驟而被點化的弟子。其他弟子都很生氣，他們說：「我們已經經歷了好幾年的訓練。這個人做了什麼？」

佛陀說：「我深入的看著他的雙眼。我看見他的渴望──一個純粹的火焰。我可以允許他，他可以稍後再完成這些事；這些是儀式，這些是用於蠢人的。但是他不是一個蠢人，他擁有無窮的智慧。」

菩提達摩，佛陀其中一個最偉大的繼承者，走遍整個國家卻找不到一個可以點化的人，因為沒有人可以達到他的要求。他的要求是不可能達到的；因此，他必須去中國尋找弟子。在那兒也一樣，數以千計的人來到，但是都被他拒絕了。然後他面對牆壁坐了九年，他說：「除非對的人出現，否則我不會看他一眼。」

然後一個弟子出現了——數百個、數千個人來了又離開，他完全沒回頭看。而這個弟子砍斷了他的手，丟向菩提達摩說：「轉過來面對我！否則我會砍掉我的頭！」

然後他必須立刻轉過來，一百八十度的轉向，他說：「等等，不要這麼急。我一直在等你。」他在中國只點化了四個人。

有各式各樣的佛。你不會再找到一個和我一樣的佛——那是很少見的。以前從沒有過，我不認為還會出現一個跟我一樣的人。

所以摩斯，我認為對於猶太人而言，錯過這個機會不太好，不是很明智。

第五個問題：

奧修，你為什麼被稱為師父中的師父？

Reverend Banana，Michael Potato Singh，Michael Tomato：各位先生、女士，如同這個情況：因為沒有人可以決定這三個人是先生或女士。

這是一個困難的問題。我必須查看阿卡西紀錄，不是過去的阿卡西紀錄——因為那裡面還沒有這方面的紀錄——而是未來的阿卡西紀錄。這是一個未來的故事。仔細聽。

在莫克夏，覺醒者們最終的休息地，發生了一件事。一個涅槃時報的記者，絕望的尋找著下一個主版新聞，一個二千五百年內就得有的新聞。在莫克夏並沒有太多新聞，然後他很快了解到，如果不想再讓主版空著，他必須製造一些新聞。

最後，他有了一個想法，就是在諸佛、阿羅漢、菩薩、基督、真主和其他的成道者之中選出誰是師父中的師父——簡而言之，就是神聖的宇宙先生競賽。

他召集了所有的成道者，要他們用一個簡短的方式表達出他們教導的精髓，以便決定誰是師父中的師父。一如往常的，持續了數百年深沉的寧靜。終於一個禪師走向記者，用力打了他的頭。這個方式還不錯，但不是很有原創性。

又過了數百年，一個蘇菲站了起來並開始旋轉。不幸的，由於他缺乏訓練，旋轉了幾個月後，他面朝地的倒在地上，哈西德派的師父們響起一片笑聲，他們早就偷偷的在地上灑了油，要讓這個高傲的阿拉伯人倒在地上。

在文殊菩薩和須菩提的慫恿下，佛陀慢慢的站了起來，用接下來的方式對與會者表達了他的教導：「沒有教導者，也沒有被教導者。沒有傳授者，也沒有被傳授者。沒有說者，也沒有聽者。」然後他拿起一朵花，摩訶迦葉一如往常的傻笑著。很多人為佛陀鼓掌，但是對記者而言，那似乎不像有助報紙銷售的新聞。

為了成為師父中的師父，成道者一個接一個的表達出他們的教導。摩西多了一些新的戒律。菩提達摩對著牆壁凝視了九十年。耶穌在一座山上弄了一個小丘，在那兒開始他的佈道。戴奧真尼斯展現了他被曬黑的肌膚。濕婆和雪山女神演練了他們新發明的一百一十二種靜心姿勢。葛吉夫喝光了二十瓶白蘭地，一邊用左臉微笑，一邊用右臉扮鬼臉，並同時用雙手在高空繩索上行走。老子則是對這些表達的方式捧腹大笑。曼蘇爾不停大喊：「我就是真理！我就是真理！」最後他被穿上約束衣，並被餵了兩顆安眠藥。婆蹉衍那則是替自己口交，以便證明性和三摩地是同樣能量的表現──諸如此類。

後來證明不可能從覺醒者中決定誰是師父中的師父，因為即使是那個記者也在這些表達的過程中達成了無選擇的覺知。但是決定性的一天似乎來到了，提爾莎，一個英國新來的人站了起來，操著典型的英式外交口吻：「最偉大的師父是還沒到來的那一位。」一個印度聖人突然跳了起來，得意洋洋的說：「那一定是我──因為我已經禁欲了八千四百萬世。」

在覺醒者們一致的同意下，他們決定這個聖人的三摩地還不是「無種子的」，因此他被趕回輪迴，以便完全的燒毀他的種子。

當聖人在眾人面前消失後，奧修從他整天打坐的房間走了出來，走向大廳角落的一個小型大理石講台。一個死亡般的寧靜降臨到所有人身上，連曼蘇爾也閉上嘴巴。那些原本平靜的雙眼覆蓋上一層擔憂的眼神，這正是發生在與會者身上的情況。

當奧修坐了下來，並接近麥克風時，馬哈維亞大喊：「等等！等等！我們宣布你就是師父中的師父！現在麻煩回去你的房間。」

奧修天真的微笑著，並離開了大廳。大家都鬆了一口氣。

記者驚訝的轉頭對馬哈維亞說：「我不了解。為什麼他是師父中的師父？他做了什麼？」

「什麼都沒做，」馬哈維亞說：「但是他上一次在這兒演講，我們花了七百年的時間才讓他停下來，並把他送去普那！」

太上老君說常清靜妙經

老君曰：大道無形，生育天地；大道無情，運行日月；大道無名，長養萬物。吾不知其名，強名曰道。

夫道者，有清有濁，有動有靜。天清地濁，天動地靜；男清女濁，男動女靜。降本流末，而生萬物。清者濁之源，動者靜之基。人能常清靜，天地悉皆歸。

夫人神好清，而心擾之；人心好靜，而慾牽之。常能遣其慾，而心自靜；澄其心，而神自清。自然六慾不生，三毒消滅。所以不能者，為心未澄，慾未遣也。能遣之者，內觀其心，心無其心；外觀其形，形無其形；遠觀其物，物無其物。三者既無，唯見於空。

觀空亦空，空無所空。所空既無，無無亦無。無無既無，湛然常寂。寂無所寂，慾豈能生。慾既不生，即是真靜。真常應物，真常得性。常應常靜，常清靜矣！

如此清靜，漸入真道。既入真道，名為得道。雖名得道，實無所得。為化眾生，名為得道。能悟之者，可傳聖道。

關於靜心村

奧修國際靜心村

位置：位於距離印度孟買東南方一百哩外的普那市，奧修國際靜心村是一個與眾不同的假日勝地。靜心村座落在一個樹木林立的高級住宅區內，是一個擁有四十英畝大的壯麗園區。

獨特性：靜心村每年招待來自一百多個國家的數千位遊客。獨特的園區提供機會使每個人可以直接體驗一種全新的生活方式－帶著更多的覺知、放鬆、慶祝和創造性。全年提供不同的服務項目，以及每日不同的課程選擇。其中一個選擇是什麼事都不做，只要放鬆！

所有課程都是依照奧修對於「左巴佛陀」的見解－一種不同品質的新人類，能同時過著創造性的日常生活，及放鬆在寧靜和靜心中。

靜心：每日的靜心行程表，針對每個人提供不同的靜心課程，被動的和主動的，傳統的和革命性的，特別是奧修動態靜心，它是在奧修大禮堂－全球最大的靜心大廳中進行。

多元大學：針對個人的講習、授課和討論會，涵蓋了創造性藝術、整全健康、私人轉變、關係和生活變化、工作靜心、奧秘科學，以及用於運動和娛樂的「禪」的方法。多元大學成功的秘密在於所有課程都和靜心緊密的結合，人們可以了解到人類是整體的，而不是部份的。

芭蕉Spa：舒適的芭蕉Spa讓人們可以在圍繞著蒼翠樹木的露天場所下悠閒地游泳。獨特的風格、寬敞的浴池、桑拿、體育館和網球場…令人驚歎的設計更是提升了它們的美感。

飲食：各種不同的用餐區提供美味的西方、亞洲和印度素食－為了靜心村，它們大部分是透過有機種植而得。麵包和甜點則是在靜心村內自有的麵包坊進行烘烤而成。

夜晚的生活：多種晚間節目可供選擇－跳舞是其中的首選！其他活動包括星辰下的滿月靜心、各種表演、音樂演奏和每日靜心。

或者你可以只是在廣場咖啡廳裡享受和人們的聚會，或者在寂靜的夜晚漫步在童話故事般的花園中。

設施：你可以在購物廳購買生活所需的日常用品和化妝品。媒體廳則販賣各種奧修影音產品。還有銀行、旅行服務處和園區網咖。對於那些喜愛購物的人，普那提供了各種選擇，包括從傳統的印度民俗產品到全球知名品牌的商店。

住宿：你可以選擇住在奧修招待所裡的高雅客房，也可以選擇長期住宿的套裝居住行程。此外，附近還有各種不同的飯店和公寓可供選擇。

更多資訊請瀏覽www.osho.com/meditationresort

關於作者

奧修反對分門別類。他的數千種談論涵蓋了一切，包括個人詢問的問題，以及現今社會當務之急所面對的社會和政治議題。奧修的書不是書面文字的，而是根據他對國際聽眾所作的即席演講的影音紀錄所謄寫而成。如他所說：「所以記住：無論我說了什麼，那不只是針對你…我也是為了未來的一代而談。」倫敦周日時報說奧修是「創造二十世紀的一千個人」的其中一位，美國作家湯姆羅賓斯說奧修是「自從耶穌基督之後最危險的人」。印度周日午報說奧修是和－甘地、尼赫魯、佛陀－等十個改變印度命運的人。關於他的工作，奧修說他是在幫助創造一個誕生出新人類的環境。他常將這樣的新人類稱為「左巴佛陀」－可以同時是享受娛樂的希臘左巴和寂靜的喬達摩佛。如同一條聯繫著奧修各種書籍和靜心的線運作著，包含了過去各時代的永恆智慧以及現代（和未來）潛力無窮的科學和技術。奧修為人所知的是他對於內在轉變的科學的革命性貢獻，以及用於現代快速的生活步調的靜心方法。他獨特的奧修動態靜心設計，讓人先釋放出身體和頭腦累積的壓力，以便更容易在日常生活中體驗到寂靜以及無念的放鬆。

關於作者，有兩本自傳作品可以購買：*叛逆的靈魂*，〔繁體中文／除大陸外，全球販售〕；*金色童年*，〔繁體中文／除大陸外，全球販售〕。

國家圖書館出版品預行編目(CIP)資料

奥修談清靜經／奥修(Osho)著；李奕廷譯.
-- 初版. -- 臺北市：旗開，2013. 1
冊； 公分
譯自：Tao, the golden gate
ISBN 978-986-89034-1-8（下冊：平裝）

1. 靈修

192.1 101024628

欲了解更多資訊請瀏覽

www.OSHO.com

這是一個綜合性的多語網站，包括雜誌、奧修書籍、奧修演講的影音產品、英語及印度語的奧修圖書館資料文獻，以及關於奧修靜心的各種資訊。您也可以在這兒查詢奧修多元大學的課程表以及奧修國際靜心村的相關資訊。

相關網站：

http://OSHO.com/resort
http://OSHO.com/AllAboutOSHO
http://OSHO.com/shop
http://www.youtube.com/OSHO
http://www.oshobytes.blogspot.com
http://www.Twitter.com/OSHOtimes
http://www.facebook.com/pages/OSHO.International
http://www.flickr.com/photos/oshointernational

您可透過下列方式聯繫奧修國際基金會：

www.osho.com/oshointernational,
oshointernational@ oshointernational.com

奧修談清靜經(下)

原著：TAO：THE GOLDEN GATE VOL.2
作者：奧修 (OSHO)
譯者：李奕廷 (Vivek)
發行：李奕廷
出版：旗開出版社
地址：台北市南京東路三段201號3樓
電話：(02)27978935
統編：31855902
劃撥：007 (第一銀行)
158-10-012620 (帳號)
旗開出版社 (戶名)
(劃撥八折，10本以上免運費)

經銷：紅螞蟻圖書有限公司
地址：臺北市內湖區舊宗路二段121巷19號
電話：(02)27953656
傳真：(02)27954100
印刷：普林特斯資訊股份有限公司

初版：2013年1月
定價：350元
ISBN：978-986-89034-1-8

Original title: ***TAO: THE GOLDEN GATE VOL. 2*** , by Osho

This book is a transcript of a series of original talks by Osho given to a live audience. All of Osho's talks have been published in full as books, and are also available as original audio recordings. Audio recordings and the complete text archive can be found via the online OSHO Library at www.osho.com